MTS
소그룹 리더 학교
- 지침서 -

교회성장연구소

인사말

우리는 각자의 고유한 이름을 가지고 있습니다. 동시에 우리에게는 공통으로 지녀야 할 또 다른 이름이 있습니다. 바로 '작은 예수' 입니다.

'작은 예수', 이것은 우리의 정체성이자, 삶의 목표가 되어야 합니다. 예수님의 가르침이 우리의 입을 통해 전파되어야 하고, 예수님의 사랑이 내 손을 통해 나눔으로 이어져야 합니다. 예수님의 발자국이 우리가 가야 할 길이 되어야 하고, 예수님의 마음이 우리의 성품을 지배해야 합니다.

이 세대에 이러한 '작은 예수' 들이 절실히 필요합니다. 나부터 작은 예수가 되기를 소원해야 하고, 더불어 우리 모두가 작은 예수라는 공통된 이름을 가져야 합니다. 서로가 각기 다른 존재이지만 작은 예수라는 같은 이름으로 하나 될 때, 그리고 그 이름에 걸맞게 예수 향기를 이 세상에 발할 때, 하나님 나라는 더욱 아름답고 넓게 확장되어 갈 것입니다.

그렇다면, 어떻게 해야 작은 예수로서 살아갈 수 있을까요? 어떻게 해야 이 땅이 작은 예수들로 가득 넘칠 수 있을까요? 우리는 예수님의 사역에서 그 원리를 배울 수 있습니다. 예수님께서는 사랑하는 제자들을 세우셨고, 훈련시키셨습니다. 하나님의 뜻을 그들에게 가르치셨고 그 가르침대로 실천하게 하셨습니다. 그리고 무엇보다 그 훈련의 원리는 예수님께서 먼저 본이 되어 주시는 것이었습니다.

작은 예수들이 무수히 일어나기 위해서, 예수님께서 제자들에게 행하셨던 그 훈련이 우리 가운데 시작되어야 합니다. 이러한 비전을 품고 본격적으로 MTS 개정판을 출간하게 되었습니다. 특히 이번 개정판은 평신도 모두가 작은 예수화 되는 것을 목표로 삼고 있습니다. 머릿속에만 맴도는 지식 전수가 아니라, 삶의 변화를 이끄는 MTS를 기획하고 구성하게 된 것입니다.

MTS는 소그룹에서 활용하기에 더없이 유익한 교재입니다. 작은 예수가 되기 위한 핵심적인 내용을 소그룹 구성원과 함께 배우고 익힐 수 있습니다. 그리고 그 배움이 앎으로만 그치지 않고, 각자의 삶의 자리에서 열매 맺도록 도와줍니다. 함께 생각과 삶을 나누고 점검할 수 있는 기회를 마련해 주는 것입니다. MTS를 통한 교육과 훈련은 단지 공부가 아니라, 교제이자 선교이며 삶의 예배입니다.

또한 MTS는 총 10개의 학교로 진행됩니다. 이것은 평신도들이 균형 있는 신앙생활을 할 수 있도록 돕습니다. 예수님을 따르기 위해 필요한 핵심 사항들을 체계적으로 정리하여 편성하였기 때문에 누구나 쉽게 배우고, 익히고, 나눌 수 있습니다.

MTS 개정판을 통해 이 땅에 작은 예수가 더 많이 세워지기를 소망합니다. 그렇게 세워진 작은 예수들이 가정과 교회를 변화시키고, 더 나아가 우리 사회와 나라의 희망이 되기를 꿈꾸어 봅니다.

2012. 9

여의도순복음교회 담임목사 **이 영 훈**

들어가는 말

소그룹 리더 학교는 교회의 소그룹에 대해 살펴보고, 앞으로 소그룹을 어떻게 세워 나가야 하는지에 대해 배우는 과정입니다. 이 과정은 소그룹 내용뿐만 아니라, 소그룹 리더가 겸비해야 할 부분까지 다루고 있기 때문에 리더와 구성원 모두에게 도움이 될 수 있습니다.

총 8과로 구성된 소그룹 리더 학교는 세 단계로 분류됩니다. 첫 번째 단계는 소그룹에 대한 기본 이해를 다지는 과정입니다. 소그룹의 정의와 기본적인 특징, 그리고 소그룹의 중요성과 그 대표적인 종류들을 살펴봅니다. 더불어 성경에 나타난 소그룹을 배워 봄으로써 성경적인 소그룹을 세우기 위한 기초적인 안내를 받습니다.

두 번째 단계는 소그룹을 실질적으로 운영하고 인도하는 데 필요한 다양한 지침들에 대해서 다루게 됩니다. 특히 소그룹을 이끌어 나가는 리더들이 소그룹 내에서 어떤 역할을 감당해야 하는지를 함께 배웁니다. 이런 과정들을 통해 건강한 리더가 건강한 소그룹을 이끌어 나갈 수 있도록 도와줍니다.

세 번째 단계는 소그룹을 어떻게 확장시켜 나갈 것인가에 대해 배우게 됩니다. 소그룹 리더를 새롭게 양육하는 방법과 소그룹 자체를 확장시키기 위한 방법을 살펴보고, 교회와 소그룹의 관계에 대해서도 공부합니다.

소그룹 리더 학교 과정을 통하여 건강한 교회의 소그룹이 생산될 수 있기를 기대합니다. 그뿐만 아니라 교회 안에 하나님께서 이끄시는 더 많은 소그룹이 생겨나고, 이런 소그룹들이 교회에서 뿐만 아니라 세상 가운데서도 귀한 영향력을 끼치게 되기를 바랍니다.

MTS를 소개합니다

1. MTS 소개

| 목적 |

- MTS는 SFS(Spiritual Formation Series – 영적 성장 시리즈)로서, 평신도를 작은 예수의 삶을 사는 사역자로 세우는 시스템입니다.
- 평신도 사역자를 체계적으로 양육할 수 있는 시스템을 교회에 제공합니다.

| 특징 |

- MTS(Ministry Training School, 평신도 사역자 훈련 학교)는 평신도를 작은 예수의 삶을 살도록 하기 위해서 제자 훈련, 셀 그리고 멘토링과 코칭의 원리를 통합적으로 접목한 훈련 시스템입니다.
- 약 2년이라는 단기간에 10가지 과정을 훈련함으로써 사역에 필요한 사명과 자질을 준비할 수 있습니다.

| 실행 및 운영 |

- 인원은 개 교회에 따라 대략 다음과 같이 구성할 수 있습니다.

규모	인원
소형 교회	5-10명
중형 교회	10-20명
대형 교회	20-40명

- 대그룹 모임과 소그룹 모임이 필요한데, 대그룹 모임은 전체 인원이 함께 모입니다. 소그룹 모임은 한 그룹 당 5-7명씩 묶습니다.
- 모임은 주제 강의, 소그룹 토론 및 기도회 등으로 이루어집니다.
- 약 2년 과정을 마친 사람들을 다양한 사역 현장으로 파송합니다.

| 구성 |

- 먼저 **정규 과정**은 작은 예수의 삶을 살기 위한 '그리스도 알아가기, 따라하기, 섬기기'라는 목표 아래 평신도를 사역자로 세우는 과정입니다.
- 또한 **특별 과정**은 정규 과정을 이수한 사람들이 실제적인 삶에서 작은 예수로 성장하도록 돕기 위한 심화 과정입니다.

2. MTS 약자의 의미

| 명칭 |

Ministry 사역자
Training 훈련
School 학교

| 역할 |

Mentoring or Modeling 가르치는 자의 역할
Training 배우는 자의 역할
Systematizing 시스템을 통해 운영

| 단계 |

Making Believers 신자화
Training as Disciples 제자화
Serving as Workers 사역자화

3. 정규 과정의 구성 및 기간

1) **신자화 과정** : 그리스도 알아가기
신앙 입문 학교(4주)

2) **제자화 과정** : 그리스도 따라가기
성경 가이드 학교(8주) – 큐티 학교(4주) – 예배 학교(8주) – 성령 학교(8주) / 성령축제(인텐시브 코스)

3) **사역자화 과정** : 그리스도 섬기기
소그룹 리더 학교(8주) – 전도자 훈련 학교(8주) – 새가족 양육자 학교(8주) – 가정 행복 학교(8주) – 기도 학교(8주) / 성령축제(인텐시브 코스)

4. 특별 과정의 구성

특별 과정은 일정한 순서가 정해져 있지 않습니다. 일반 과정을 수료한 사람 혹은 교회의 필요에 따라 원하는 학교를 교육받을 수 있습니다.

MTS 특별 과정	
	• 교회 성장 학교 • 부흥 학교 • 주일 교사 학교 • 사랑 받기 위해 태어난 사람 • 셀프 리더십 학교 • 리더십 개발 학교 • 4차원의 영성 리더십 학교 • 4차원의 영성 중보 기도 학교 • 4차원의 영성 전도 학교 • 4차원의 영성 학교 • 영적 교제 학교 • 찬양 학교 • 하나님의 소명 학교 • 가정 성장 학교 • 결혼 예비 학교 • 자녀 양육 학교 • 크리스천 웰빙 학교 • 크리스천 재정 학교 • 사회 봉사 학교 • 대화 학교

5. MTS 모임 형태와 순서의 예시

※ 예시 자료이므로, 각 교회의 상황에 맞게 바꿔서 활용할 수 있습니다.

시간	순서	담당자	진행방법
6:30 – 6:50	찬양	봉사자들	찬양으로 모임을 시작합니다.
6:50 – 7:00	기도	봉사자들	강의 시작 전 함께 기도합니다.
7:00 – 7:30	주제 강의	담임 목회자	30분 동안 교재의 내용을 쉽고 재미있게 강의 형태로 진행합니다.
7:30 – 7:40	티타임	봉사자들	소그룹별로 흩어지는 과정에서 잠시 교제하며 차를 마십니다.
7:40 – 8:20	소그룹 모임	소그룹 리더	4W : Welcome(아이스브레이크), Word(주제 강의 반복), Witness(삶의 나눔), Work of Prayer(기도 사역). ※ 목회자는 매주 1개 그룹씩 돌아가면서 참석합니다.
8:20 – 8:40	대그룹 기도회	담임 목회자	담임 목회자가 제시하는 기도제목이나 소그룹에서 나온 중보 기도제목을 놓고 함께 기도하고 마무리합니다.

6. MTS 일정

※ 한 과정별로 다음과 같이 진행되며, 8주가 끝나면 워크샵을 진행합니다(4과까지 있는 교재는 4주에 마치게 됩니다).

주	1주	2주	3주	4주	5주	6주	7주	8주	
교재	1과	2과	3과	4과	5과	6과	7과	8과	워크샵
과별 사역	각 과에 필요한 과 외 프로그램을 그때마다 진행합니다.								

※ 워크샵은 다음과 같이 진행할 수 있습니다(당일, 1박 2일, 2박 3일의 세 가지 프로그램 종류가 있습니다. 교회 상황에 맞게 선택한 후, 유동성 있게 조정하여 운영합니다. 1박 2일, 2박 3일 프로그램은 「실행 매뉴얼」에 제시됩니다).

| 워크샵 당일 프로그램 |

시간	순서	진행방법
10:00 – 10:50	예배	한 학교를 끝내게 된 것에 대해 감사예배를 드립니다. 찬양을 10분 정도 드린 후, 약 40분 정도 예배를 드립니다.
10:50 – 11:00	휴식 및 광고	잠시 쉬면서 오늘 일정에 대해 광고합니다.
11:00 – 12:00	1차 복습(1–4과)	한 과당 15분 정도로 복습합니다. 배운 핵심 내용을 완벽하게 익힐 수 있게 합니다.
12:00 – 1:00	식탁 교제	함께 식사하며 교제를 나눕니다.
1:00 – 1:30	휴식 및 찬양	식사 후 잠시 휴식시간을 갖고 오후 일정에 들어가기 10–15분 전부터 찬양을 시작합니다. 찬양과 함께 다음 순서를 시작합니다.

1:30 – 2:30	2차 복습(5–8과)	한 과당 15분 정도 복습 시간을 갖습니다. 배운 핵심 내용을 완벽하게 익힐 수 있게 합니다.
2:30 – 2:40	휴식	소그룹 모임을 위해 자리 이동을 합니다.
2:40 – 4:00	소그룹 간증	배운 내용을 적용하고 실천하는 것과 관련하여, 소그룹 구성원끼리 간증을 나눕니다. 대그룹 간증 시간에 대표로 발표할 구성원을 선정합니다.
4:00 – 4:10	휴식	쉬면서 다시 대그룹 모임을 위해 자리 이동을 합니다.
4:10 – 5:30	대그룹 간증	소그룹의 대표가 나와서 소그룹 간증 때 나누었던 간증을 발표합니다. 소그룹 내에서만 나누었던 간증을 모두가 함께 공유할 수 있습니다. 이때 발표만 할 것이 아니라, 질문이나 조언 등도 함께 나눌 수 있게 합니다.
5:30 – 7:00	식탁 교제(파티)	점심때보다 긴 시간을 할애하여 파티를 엽니다. 한 학교를 마치는 동안 수고한 것을 서로 격려하는 자리를 갖습니다.
7:00 – 8:00	결단의 시간 및 예배	마무리하는 예배를 드리고 예배 끝 부분에 결단의 시간을 갖습니다. 결단 목록을 미리 준비하여 함께 읽는 시간을 갖습니다. 결단 목록은 실행 매뉴얼에 제공됩니다.

MTS 개정판 매뉴얼

오늘 우리는...

이 과의 전체 학습 목표와도 같습니다.
이 과를 통해 궁극적으로 알아야 할 것이 무엇인지를 먼저 파악할 수 있게 합니다.

마음 문 열기

이 과의 학습 내용과 관련된 예화가 제시됩니다.
이어질 학습 내용을 이야기를 통해 먼저 쉽게 접할 수 있습니다.

여기서 잠깐

예화를 읽고 나서 생각을 스스로 점검할 수 있게 해주는 질문이 마련되어 있습니다.
잠깐의 묵상을 통해 좀 더 진지하게 학습 내용에 임할 수 있게 합니다.

배움과 익힘

본격적인 학습 내용이 제시되어 있는 공간입니다.
중제목(1, 2, 3...)과 소제목(가, 나, 다...) 틀 안에 반드시 알아야 할 내용이 정리되어 있기 때문에 누구나 쉽게 학습할 수 있습니다. 또한 학습 내용을 뒷받침해 주는 성구들이 삽입되어 있습니다.

더불어 나눔

이 과를 공부하고 난 후, 소그룹 구성원과 나눌 수 있는 질문과 묵상 및 결단들이 제시되어 있습니다.
배운 내용을 토대로, 혹은 각자의 경험에 기반하여 솔직하게 대화할 수 있습니다.

마음 밭에 심기 – 주제 말씀 암송

배움과 익힘에 나온 여러 성구 중, 대표적이면서도 특별히 기억하면 좋은 성구가 제시되어 있습니다.
주제 말씀 암송과 더불어 말씀대로 실천하고자 노력한다면 이 과를 더욱 풍성히 삶에 적용할 수 있을 것입니다.

마음에 새기기

이 과에서 다루어진 내용을 최종적으로 점검할 수 있는 공간입니다.
배움과 익힘의 내용이 중제목, 소제목별로 한 두 문장씩 정리가 되어 있기 때문에 복습하기에 유리합니다.

참고문헌 및 추천도서

참고했던 도서와 추가로 참고하면 좋은 도서들이 제시되어 있습니다.
개인적으로 공부를 더 하고자 할 때 도움이 됩니다.

Contents

제1과
소그룹에 대한 이해

오늘 우리는...
- 이 과를 통해, 소그룹의 의미와 중요성에 대해 알게 됩니다.
- 이 과를 통해, 소그룹의 대표적인 종류에 대해 알게 됩니다.

▶▶▶ 인도자는 이번 시간에 소그룹에 대하여 기본적으로 알아야 할 사항들을 배우게 된다고 전합니다. 소그룹이 어떤 의미를 가지고 있고 그것이 왜 중요한지, 그리고 어떤 종류가 있는지 살펴보게 될 것입니다.

마음 문 열기

국가 대표 여자 배구팀 감독이었던 김철용 장로는 스파르타식 훈련으로 유명했습니다. 그가 국내에서 맡았던 팀은 슈퍼리그에서 9년 연속 우승을 차지할 정도로 놀라운 기량을 발휘했습니다. 김 장로가 맡은 팀이 강할 수밖에 없었던 이유 중 하나는 '명성의 함정'에 빠져들지 않도록 강한 훈련과 신앙을 통한 결집력으로 선수들을 하나로 만드는 훈련을 했기 때문입니다. 그는 아무리 탁월한 기량을 갖춘 선수일지라도 자신의 능력을 과신하여 우쭐대면 여지없이 패하게 된다고 가르쳤습니다.

김 장로는 '자신을 드러내지 않는 선수'를 최고의 선수로 꼽았습니다. 그는 '명성'과 '인기'의 단맛에 도취한 선수들이 경기에서 도저히 승리할 수 없다는 것을 숱한 격전을 통해 깨닫고 있었습니다. 그래서 선수들에게 '너'는 숨고 '남'이 드러나게 하라고 강조했습니다. 김 장로가 맡은 팀이 연승 행진을 이어 간 원동력은 바로 '하나 됨'이었습니다.

▶▶▶ **이 예화는 강한 소그룹이 되기 위해서는 개인이 드러나지 않아야 함을 보여 주고 있습니다. 이것은 개인이 무시되는 것이 아닙니다. 서로를 더 높여 주고 자신을 낮출 때 공동체가 더 높이 세워질 뿐만 아니라, 개인도 더욱 발전하게 됩니다.**

여기서 잠깐

'나를 드러내는 것' 보다 '소그룹을 통해 우리를 드러내는 것' 이 큰 힘을 발휘할 수 있는 이유는 무엇일까요?

▶▶▶ 개개인이 자신을 드러내는 것에는 한계가 있습니다. 자신의 목표한 것을 이루는 것에 그칠 뿐입니다. 그러나 함께 모여서 '우리'가 되어 힘을 모은다면, 그 공동체뿐만 아니라 주변에까지 놀라운 영향력을 행사할 수 있습니다. 인도자는 1+1은 단순히 2가 아니라, 몇 배가 되어 더 큰 힘을 발휘하게 된다고 전합니다.

배움과 익힘

▶▶▶ 들어가기에 앞서 인도자는 소그룹이 어떤 것인지부터 살펴보자고 전합니다. 여기서 말하는 소그룹은 세상에서 말하는 일반적인 소그룹이 아니라 교회의 소그룹을 말합니다. 이 사실을 전제에 두고 이 과를 시작하자고 전합니다.

1. 소그룹의 이해

가. 소그룹의 정의

교회의 소그룹이란 '그리스도 안에서(범위), 같은 뜻을 가지고(목적), 세 명에서 열두 명 정도의 사람들이(규모), 정해진 시간에 주기적으로(모임 형식) 만나는 모임'이라고 간단히 정의할 수 있습니다.

나. 소그룹의 특징

위에서 언급한 정의에 따라 소그룹은 다음과 같은 특징이 있습니다.

1) 한마음, 한뜻으로 하나 되는 모임

교회의 소그룹은 교회와 개인의 영적 성장과 부흥과 같은 '같은 목적'을 가지고 모이는 모임입니다. 따라서 소그룹 구성원은 같은 뜻을 향해 한마음을 만들어 나가야 합니다.

2) 소통을 위한 모임

교회의 소그룹은 구성원 간에 서로 소통하는 공간입니다. 모임이 목적 달성만을 위한 것이라면 일을 중심으로 결과만을 추구하며 개별적으로 사역을 진행해 나갈 수 있습니다. 그러나 소그룹은 서로의 마음을 나누고 소통하는 것 자체가 모임의 중요한 목적이 됩니다.

3) 적당한 인원이 필요한 모임

규모면에서 교회의 소그룹은 공적 예배 때 함께 모이는 대그룹과 차별되는 모임입니다. 소그룹은 말 그대로 소수의 인원으로 구성됩니다. 일반적으로 모임의 인원이 열두 명을 초과하면 의사소통이 어려워집니다. 모든 사람이 대화에 적극적으로 참여하기에 적당한 인원은 3~12명입니다.

4) 정기적으로 활동하는 모임

소그룹 모임이 이어지려면 정기적으로 꾸준히 모이는 것이 요구됩

니다. 물론 시간이 지남에 따라 유동성 있게 모이는 경우도 있지만, 대부분은 모임의 형식을 갖추는 것이 좋습니다. 특히 자리가 잡히기까지는 고정 시간을 정해 두고 철저히 지켜 나가는 것이 좋습니다.

5) 성장과 성숙을 위한 모임

교회의 소그룹은 개인적인 취미생활이나 흥미를 얻기 위한 모임이 아닙니다. 그리스도 안에서 영적으로 성장하고 성숙하기 위한 모임입니다. 또한 소그룹은 공동체 안에서 구성원과 더불어 새로운 경험을 하고 새로운 것들을 발견하게 해줍니다.

▶▶▶ **지금까지 1)에서 다룬 소그룹의 정의에 기반하여 2)에서 5)까지는 소그룹의 특징에 대해 좀 더 자세하게 정리했습니다. 인도자는 1)과 2)를 연결하여 설명하도록 합니다.**

2. 소그룹의 중요성

가. 성경에 나타난 하나님의 뜻

하나님께서는 창조 때부터 공동체를 만들어 주셨습니다. 아담과 하와로 구성된 에덴동산 공동체, 예수님의 열두 제자, 가정에서 모인 초대교회, 팀 사역으로 전도한 바울에 이르기까지 성경에는 많은 소그룹이 등장합니다. 하나님께서 세우신 성경의 다양한 모임은 소그룹이 성경적 개념임을 보여 주고 있습니다.

▶▶▶ 소그룹은 현대적인 발상이 아니라, 이미 성경에서 나타난 것입니다. 성경에 나타난 소그룹을 자세히 살펴보면 다음과 같습니다.

1) 하나님의 존재 양식
하나님께서는 성부, 성자, 성령이라는 삼위로 존재하시지만 같은 본질로 완벽한 하나를 이루고 계십니다. 서로 다른 위격이지만 하나의 목적을 가지고 함께 동역하시는 하나님의 모습이야말로 소그룹의 원형 그 자체입니다.

2) 에덴동산의 공동체
천지 창조 이후에 나타난 최초의 소그룹은 하나님, 아담, 하와로 구성된 에덴동산의 공동체입니다. 소그룹의 역사는 하나님께서 창조 세계를 아담과 하와라는 두 사람의 가족에게 맡기심으로 시작되었습니다. 삼위일체 하나님이 소그룹의 근원이라면 가정은 인간 사회에서 소그룹의 원형이라고 볼 수 있습니다. 아담의 범죄 이후 세상에 죄가 만연했을 때에도 하나님께서는 소그룹(공동체)을 통하여 구원의 섭리를 계획하셨습니다. 열여덟 명으로 구성된 노아의 가족을 사용하셔서 새로운 인류를 시작하셨던 것입니다.

3) 예수님의 열두 제자
신약에서는 예수 그리스도의 사역에서 소그룹의 원리를 발견할 수 있습니다. 예수님께서는 열두 제자를 택하시고, 훈련시켜, 지도자로 삼으셨습니다. 예수님께서는 열두 명으로 구성된 소그룹을 통하여 이 세상을 구원하시려는 계획을 세우셨습니다(마가복음 3:13-14).

복음서와 사도행전에 나타난 열두 제자의 명단을 보면 한 가지 특징을 발견하게 됩니다. 그것은 항상 세 개의 작은 그룹으로 나뉘어진다는 사실입니다. 첫 번째는 '베드로, 안드레, 야고보, 요한'이고 두 번째는 '빌립, 바돌로매, 도마, 마태'이며 세 번째는 '야고보, 다대오, 시몬, 가룟 유다'입니다. 중간에 순서가 바뀌더라도 각 그룹의 일 순위는 언제나 베드로, 빌립, 야고보입니다. 예수님께서는 열두 제자를 네 명씩 세 개의 소그룹으로 나누시고, 베드로, 빌립, 야고보를 각 소그룹의 리더로 세우셨다는 것을 유추할 수 있습니다.

4) 가정에서 모인 초대교회

소그룹은 초대교회의 사역에 매우 중요했습니다. 초대교회 성도들은 가정에서 소그룹으로 모였습니다. 소그룹은 각자 서로를 섬기고, 자신들의 영적 은사를 사용하며, 그리스도의 가르침을 통해 제자로 훈련되기에 알맞은 규모였습니다.

5) 팀사역으로 전도한 바울

바울은 소그룹의 팀을 이루어 선교를 했습니다. 바울이 로마에 가기 전에 세운 교회는 모두 디아스포라 그리스도인들의 소그룹이 중심이 되었습니다. 바울이 유럽에서 전도하여 최초로 세운 빌립보교회는 자주 장사 루디아의 가정이 중심이 되어 이루어졌으며, 에베소교회도 브리스길라와 아굴라의 가정에서 시작되었습니다(고린도전서 16:19; 로마서 16:3-5).

나. 영적 성장을 이끄는 길

소그룹은 성도의 신앙생활을 서로 점검하고 서로를 위해 기도하는 장을 마련해 줍니다. 또한 다른 사람의 통찰력과 경험을 통해 한 단계 더 성장하고 새로운 것을 배울 수 있는 환경을 제공해 줍니다. 이런 환경으로 인해 건강한 소그룹 활동은 성도의 영적 성장을 보장해 줍니다.

▶▶▶ 소그룹은 다음과 같은 방법으로 영적 성장을 이끌어 나갈 수 있습니다.

1) 구성원 간에 서로 영향력을 행사하게 됩니다. 소그룹 모임이 지속적으로 이루어지면 그 모임에서 좋은 신앙을 가진 사람들의 영향을 받게 되는 것입니다. 예를 들어, 구성원 중에 누군가가 선교에 대한 뜨거운 비전을 가지고 있으면 어느 사이에 모두가 선교의 비전을 공유하게 됩니다.

2) 소그룹은 구성원들 간의 상호 섬김의 장입니다. 친밀한 정으로 엮어진 소그

룹을 통해서 자신의 부족한 부분이나 장점을 객관적으로 깨닫게 됩니다. 또한 자신의 은사를 발견하게 됩니다.

3) 소그룹을 통해 정서적인, 영적인, 육체적인 치유를 경험하게 됩니다. 이러한 효과는 친밀감을 가진 소그룹에서 더 강하게 나타납니다. 그리스도인들이 소그룹에서 '말씀을 배우면서 영적인 교제를 가질 때' 성령님께서 그들을 치료하십니다. 물론 치료 사역은 말씀과 성령님을 통해 이루어지는데, 성령님께서 소그룹을 도구로 사용하셔서 그 일을 행하시는 것입니다.

다. 친교와 섬김을 이루는 도구

소그룹은 '얼굴과 얼굴이 만나는 공동체' 입니다. 직접 만나는 자리에서 친교를 나누고 서로의 필요를 채울 수 있습니다. 이것은 예수님께서 보여 주신 섬김을 실천하는 시작이 됩니다. 서로의 필요를 채우는 것은 실질적인 도움을 주는 것만을 의미하는 것이 아니라 마음을 나누고 서로 기도해 주는 것까지 포함합니다.

▶▶▶ 소그룹이 중요한 이유는 친교를 가능하게 하기 때문입니다. '에밀 브룬너'는 "교회는 본질적으로 제도가 아니라 사랑의 사귐 사건이다"라고 말한 바 있습니다. 교회를 코이노니아 공동체라고도 말하는데, 이는 그리스도의 십자가 사건을 통해 하나님과의 교제를 경험할 수 있는 공동체이며, 복음을 바탕으로 성도 간의 교제가 이루어지는 공동체라는 것을 의미합니다.

▶▶▶ 현대 사회에서 교회는 소그룹을 통하여 진정한 공동체를 경험하는 기회를 제공합니다. 소그룹은 '얼굴과 얼굴이 만나는 공동체'(face-to-face community)이기 때문에 친밀한 교제를 가능하게 합니다. 같은 소그룹에 속한 사람들은 일주일 동안 서로 전화 연락을 하고 기도제목을 나누면서 상대방을 격려하고 위로할 수 있을 것입니다. 그런 과정을 통해 나에게만 어려움과 문제가 있는 것이 아니라 서로 같은 어려움에 직면해 있다는 것을 알게 되고, 그 과정을 통해서 영적인 성장을 경험할 수 있는 것입니다.

라. 교회의 사역을 극대화

소그룹은 평신도들로 하여금 '그리스도의 몸'을 세우도록 하는 데 가장 효과적입니다. 소그룹 모임은 새로운 영적 지도자를 훈련하여 준비시키고 각자의 은사를 따라 사역할 수 있도록 돕는 최상의 구조를 가지고 있습니다.

> 이는 성도를 온전하게 하여 봉사의 일을 하게 하며
> 그리스도의 몸을 세우려 하심이라 에베소서 4:12

▶▶▶ 바울은 교회 안에 다양한 직분을 세운 목적에 대해서 세 가지로 설명하고 있습니다.

첫째, 성도를 온전케 하기 위함입니다. 복음을 선포하고 가르치는 목적을 실현하며 성도들이 온전케 되도록 훈련하는 것을 의미합니다(고린도전서 1:10; 데살로니가전서 3:10).

둘째, 봉사의 일을 하기 위함입니다. 이것은 교회의 구성원들이 각자의 직분이나 기능을 감당할 수 있도록 '틀'을 제공하는 것입니다. 회복과 훈련을 통해 온전케 된 성도들이 서로를 돕는 하나 됨의 사역을 감당하도록 도와주는 것입니다(빌립보서 4:1-3).

셋째, 그리스도의 몸을 세우기 위함입니다. 그리스도께서 은사를 주신 궁극적인 목적은 성도 각자의 특별한 직분을 사용하여 교회를 성장시키고 온 성도들을 영적으로 성장시키기 위함입니다.

3. 소그룹의 종류

오늘날 교회의 소그룹은 다양하게 활성화되고 있습니다. 대표적인 소그룹으로는 다음과 같은 것들이 있습니다.

가. 구역 소그룹(Home-cell Group)

초대교회 성도들은 가정에서 소그룹으로 모였는데, 이것이 구역 소그룹의 효시입니다. 바울은 가정을 중심으로 선교를 했습니다. 그는 가정에서 떡을 떼며 성도들의 교제를 이루는 교회를 세웠습니다. 따라서 가정교회는 초대교회의 대표적인 형태가 되었고, 성도들은 이를 중심으로 연합할 수 있었습니다.

오늘날에도 어느 한 가정에 모여서 소그룹 모임을 갖고 가족 같은 분위기에서 연합할 수 있습니다. 비록 실제 가족은 아니지만 영적으로 가족이 되어 보다 친밀한 모임을 이어 나갈 수 있습니다.

> 날마다 마음을 같이하여 성전에 모이기를 힘쓰고
> 집에서 떡을 떼며 기쁨과 순전한 마음으로 음식을 먹고 사도행전 2:46

나. 제자 훈련 소그룹(Discipling Group)

제자 훈련 소그룹은 성도들을 그리스도의 제자로 삼아 주님을 위해 헌신할 수 있는 일꾼으로 양성하는 데 목적을 둡니다. 제자 훈련은 믿음을 함께 나누는 소그룹에서 효과적이며, 제자를 세우고 헌신의 자리에 파송할 수 있다는 장점이 있습니다. 그러므로 제자 훈련 소그룹에서는 교육과 양육이 무엇보다 큰 비중을 차지합니다.

> 그러므로 너희는 가서 모든 민족을 제자로 삼아
> 아버지와 아들과 성령의 이름으로 세례(침례)를 베풀고
> 내가 너희에게 분부한 모든 것을 가르쳐 지키게 하라 볼지어다
> 내가 세상 끝날까지 너희와 항상 함께 있으리라 하시니라 마태복음 28:19-20

다. 언약 소그룹(Covenant Group)

언약 소그룹은 헌신에 기초한 모임입니다. 분명한 목적의식과 상호 약속된 언약에 따라 모이는 것이므로 구성원이 도중에 하차할 가능성이 적습니다. 또한 언약 소그룹은 자원하여 시작하는 모임이기 때문에 적극성과 역동성을 기대할 수 있습니다.

> 바울이 회당에 들어가 석 달 동안 담대히 하나님 나라에 관하여
> 강론하며 권면하되 어떤 사람들은 마음이 굳어 순종하지 않고
> 무리 앞에서 이 도를 비방하거늘 바울이 그들을 떠나 제자들을 따로 세우고
> 두란노 서원에서 날마다 강론하니라 사도행전 19:8-9

라. 셀 소그룹(Cell Group)

셀 소그룹은 하나의 교회란 개념으로 출발합니다. 셀 소그룹의 장점은 구성원을 잠재적인 리더로 보기 때문에 각 사람 안에 있는 능력과 은사를 최대한 개발시킬 수 있다는 점입니다. 그래서 구성원 모두 책임감을 가지고 모임에 임할 수 있습니다.

> 너는 또 온 백성 가운데서 능력 있는 사람들 곧 하나님을 두려워하며
> 진실하며 불의한 이익을 미워하는 자를 살펴서 백성 위에 세워
> 천부장과 백부장과 오십부장과 십부장을 삼아 그들이 때를 따라
> 백성을 재판하게 하라 큰 일은 모두 네게 가져갈 것이요
> 작은 일은 모두 그들이 스스로 재판할 것이니 그리하면 그들이
> 너와 함께 담당할 것인즉 일이 네게 쉬우리라 출애굽기 18:21-22

마. 전도 양육 소그룹(Evangelism and Nurturing Group)

전도 양육 소그룹은 기존 성도들의 교제 활동에 안주하지 않고 직접 비신자를 양육하는 소그룹입니다. 즉, 전도하는 것에서부터 시작하여 새가족을 양육하는 과정까지 담당하는 소그룹입니다.

> 두아디라 시에 있는 자색 옷감 장사로서 하나님을 섬기는
> 루디아라 하는 한 여자가 말을 듣고 있을 때 주께서 그 마음을 열어
> 바울의 말을 따르게 하신지라 그와 그 집이 다 세례(침례)를 받고
> 우리에게 청하여 이르되 만일 나를 주 믿는 자로 알거든
> 내 집에 들어와 유하라 하고 강권하여 머물게 하니라 사도행전 16:14-15

바. 치유 및 회복 소그룹(Healing and Recovery Group)

현대 사회의 다양한 병폐로 인해 아픔을 겪고 있는 사람들이 늘어나고 있습니다. 역기능 가정으로 인한 상처와 각종 육체적, 정신적 질환, 중독증으로 고통받고 있습니다. 치유 및 회복 소그룹은 이들의 전인적 치유를 위해 환경을 제공해 줍니다. 소그룹이라는 작은 공간은 서로의 아픔과 상처를 나누고 보듬어 주기에 가장 적합합니다.

▶▶▶ **인도자는 여기서 다룬 소그룹 종류는 가장 대표적인 것들이고, 이 외에도 다양한 성격의 소그룹이 있을 수 있다고 전합니다. 그리고 이 중에서도 오늘날 한국 교회 내에서 가장 보편적으로 존재하는 소그룹은 구역 소그룹, 제자 훈련 소그룹, 셀 소그룹이라고 설명합니다.**

더불어 나눔

1. 교회의 소그룹이 세상의 소그룹과 다른 점은 무엇인지 생각해 보고 함께 나누어 봅시다.

▶▶▶ 세상의 소그룹은 자신의 목적과 유익을 위해 만들어지는 경우가 많습니다. 반면에 교회의 소그룹은 하나님 안에서 모이게 되며, 하나님의 뜻을 이루기 위해 사용됩니다. 그런데 하나님 뜻은 나 자신의 만족을 채우는 것이 아닌 남을 위한 사역으로 이어집니다. 중요한 것은 그 가운데서 내가 오히려 참된 행복을 체험하게 된다는 사실입니다.

2. 지금 소속되어 있는 소그룹을 떠올려 보고, 그 소그룹의 일을 내 일과 같이 생각하며 기도하는 시간을 가져 봅시다.

▶▶▶ 인도자는 무엇보다 내가 어떤 소그룹에 소속되어 있다는 것 자체가 복이며 은혜임을 기억하라고 전합니다. 그 마음을 가지고 소그룹을 위해 기도하도록 합니다.

마음 밭에 심기

주제 말씀 암송

날마다 마음을 같이하여 성전에 모이기를 힘쓰고 집에서 떡을 떼며 기쁨과 순전한 마음으로 음식을 먹고 사도행전 2:46

▶▶▶ 이 성구는 초대교회의 상황이 어떠했는지 상상할 수 있게 해줍니다. 인도자는 이 모습을 떠올리면서 우리의 소그룹 내에도 이런 역사가 나타나기를 소망해 보자고 전합니다.

마음에 새기기

▶▶▶ 인도자는 마음에 새기기를 통해 이 과에서 배운 내용을 점검하고 중요 내용을 숙지할 수 있어야 한다고 말합니다. 읽을 때에는, 스스로 읽고 복습하는 것도 좋지만 서로 짚어 주는 것이 더 효과적일 수 있습니다. 그러므로 소그룹별로 읽어 볼 수 있도록 유도합니다. 또한 인도자는 한 주에 한 번 이상 이 내용을 각자 체크할 수 있도록 권면합니다.

교회의 소그룹은 '그리스도 안에서 같은 뜻을 가지고 세 명에서 열두 명 정도의 사람들이 주기적으로 만나는 모임' 입니다

1. 소그룹은 한마음 한뜻으로 하나가 되어 구성원 간에 서로 마음을 나누고 소통하게 하는 특징을 갖습니다.
2. 소그룹은 적당한 인원으로 구성되며, 정기적으로 활동한다는 특징을 갖습니다.
3. 소그룹은 영적 성장과 성숙을 위해 모인다는 특징을 갖습니다.

소그룹은 우리의 삶과 사역에 있어 중요한 역할을 감당합니다

1. 성경에 등장하는 많은 소그룹은 소그룹이 중요한 공동체임을 알게 해줍니다.
2. 소그룹은 서로의 영적 성장을 이끌어 주는 데 큰 도움이 됩니다.
3. 소그룹은 서로 교제하고 섬김을 실천할 수 있는 장을 제공합니다.
4. 소그룹은 평신도들을 사역자로 세우는 데 가장 효과적입니다.

오늘날 교회의 소그룹은 다양하게 활성화되고 있습니다

1. 연합하기 쉬운 '구역 소그룹'과 예수님의 제자를 세우는 '제자 훈련 소그룹'이 있습니다.
2. 헌신에 기초하여 모이는 '언약 소그룹'과 구성원을 잠재적 리더로 보는 '셀 소그룹'이 있습니다.
3. 전도와 양육을 이끄는 '전도 양육 소그룹'과 아픔과 상처를 나누고 감싸 주는 '치유 및 회복 소그룹'이 있습니다.

▶▶▶ 인도자는 이 과를 정리하며 마무리합니다. 우리는 이 과를 통해 소그룹에 대해 기본적으로 알아야 할 것들을 점검해 보았습니다. 특히 교회 소그룹의 특징에 대해서 다루었습니다.

다음 과에서는 성경에 나타난 소그룹을 살펴보는 시간을 갖게 될 것입니다.

지침서

제2과

성경에 나타난 소그룹

오늘 우리는...

- 이 과를 통해, 성경에 나타난 소그룹의 모델에 대해 알게 됩니다.
- 이 과를 통해, 성경이 보여 주는 건강한 소그룹의 특징에 대해 알게 됩니다.

▶▶▶ 인도자는 이 과를 통해 소그룹이 성경적인 개념임을 다시 한 번 확인하고 성경 안에 나타난 소그룹의 모습에 대해서 살펴보게 된다고 전합니다. 그리고 그 안에서 건강한 소그룹을 만들기 위한 비결을 배우게 된다고 전합니다.

마음 문 열기

19세기 중반 영국에 한 청년의 일화입니다. 그는 매 주일 빠짐없이 예배에 참석했지만 영적 공허함을 벗어날 수 없었습니다.

그러던 어느날 그는 우연히 소그룹 모임에 참석하여 성경공부를 하게 되었습니다.

하루는 성경공부를 하다가 "믿음으로 말미암아 구원을 받았으니 이것은 너희에게서 난 것이 아니요 하나님의 선물이라"는 에베소서 2장 8절 말씀을 접하였습니다.

그 말씀은 이전에도 자주 듣고 읽은 구절이었지만 그날따라 유독 그 말씀이 마음에 깊은 감동으로 다가왔습니다. 그리고 그 자리에서 회심하는 은혜를 체험하였습니다.

그 후 이 영국 청년은 19세기 세계 최대의 교회를 세운 인물, 기독교 역사상 가장 탁월한 설교가가 되었습니다. 그의 이름은 '찰스 스펄전'입니다.

▶▶▶ **인도자는 말씀과 가까이 할 때 성경적인 지도자가 탄생되는 것을 예화를 통해 알 수 있다고 전합니다. 그리고 말씀과 가까이 하는 삶은 성경공부 모임으로부터 비롯된다는 사실에도 주목하게 합니다. 특히 교회의 다양한 소그룹을 통해 오늘날에도 하나님의 많은 일꾼이 세워져야 합니다.**

여기서 잠깐

소그룹에서 나눈 말씀이 지금 내 인생에 얼마만큼 영향을 미치고 있습니까?

▶▶▶ 인도자는 소그룹에서 말씀을 나누면 개인적으로 묵상하고 말씀을 배워 나갈 때보다 더 큰 효과를 누릴 수 있다고 전합니다. 왜냐하면 한 말씀을 가지고 서로 간에 더욱 깊이 있는 나눔을 갖게 되면, 그런 교제의 과정에서 이미 큰 은혜를 받게 되기 때문입니다. 내용도 귀하지만 내용을 나누는 모습 역시 은혜이자 큰 영향력으로 다가오는 것입니다. 또한 그렇게 나눈 말씀들은 쉽게 잊혀지지 않습니다. 이 사실을 기억하면서 과거에 모임 가운데서 나누었던 말씀들이 얼마나 영향력을 미치고 있는지 돌아보자고 전합니다.

배움과 익힘

▶▶▶ 들어가기 전에 인도자는 먼저 성경에 나타난 구체적인 소그룹의 예에 대해서 살펴보게 된다고 전합니다. 특히 이 과에 등장한 소그룹 외에도 다양한 소그룹이 성경에 있다는 사실을 알려 줍니다. 그리고 성경에 나타난 다양한 공동체처럼 하나님이 기뻐하시는 소그룹을 만들려면 어떻게 해야 하는지 살펴보자고 말하며 이 과를 시작합니다.

1. 성경에 나타난 소그룹 모델

가. 구약에 나타난 소그룹

1) 출애굽시대의 소그룹

이스라엘의 지도자 모세는 장인 이드로의 제안으로 천부장, 백부장, 오십부장, 십부장을 세웠습니다. 하나님께서는 이 제도를 통해 모세에게 주신 권한을 다른 사람들과 나누게 하셨습니다. 소그룹 사역을 통해 신앙 공동체를 보다 효과적이고 능동적으로 이끌어 갈 수 있게 하신 것입니다.

> 너는 또 온 백성 가운데서 능력 있는 사람들 곧 하나님을 두려워하며
> 진실하며 불의한 이익을 미워하는 자를 살펴서 백성 위에 세워
> 천부장과 백부장과 오십부장과 십부장을 삼아 그들이 때를 따라
> 백성을 재판하게 하라 큰일은 모두 네게 가져갈 것이요
> 작은 일은 모두 그들이 스스로 재판할 것이니 그리하면 그들이
> 너와 함께 담당할 것인즉 일이 네게 쉬우리라 출애굽기 18:21-22

나. 신약에 나타난 소그룹

1) 열두 제자 소그룹

예수님께서는 소수의 사람을 제자로 불러 사역하셨고, 그 과정에서 제자들 한 명 한 명을 지도자로 훈련시키셨습니다. 즉, 예수님께서 그들을 제자로 부르신 것은 소그룹 훈련으로의 초대였습니다.

> 이에 열둘을 세우셨으니 이는 자기와 함께 있게 하시고
> 또 보내사 전도도 하며 귀신을 내쫓는 권능도
> 가지게 하려 하심이러라 마가복음 3:14-15

후에 예수님의 제자는 열두 명에서 백이십 명으로 확장되었습니다(사도행전 1:15-2:4). 예수님을 따르던 최초의 소그룹이 열 배로 증가한 것입니다. 더 나아가, 성령 강림일 후에는 삼십 배 이상으로 증가하였

습니다. 결국 예수님과 동행했던 열두 명의 소그룹은 왕성하게 성장하여 수백, 수천 명의 대형 그룹으로 발전했습니다.

2) 초대교회 소그룹

초대교회는 성전교회와 가정교회의 이중구조를 가지고 있었습니다. 성전교회는 성전에서 모인 회중 모임이고, 가정교회는 떡을 떼며 교제하기 위해 모인 가정 단위의 소그룹 모임입니다.

> 날마다 마음을 같이하여 성전에 모이기를 힘쓰고
> 집에서 떡을 떼며 기쁨과 순전한 마음으로 음식을 먹고 사도행전 2:46

그런데 대부분의 초대교회는 가정에서 모인 교회였습니다. 고린도 교회는 수십 개의 가정교회로 구성된 공동체입니다. 에베소교회와 로마교회는 아굴라와 브리스길라의 가정에서 출발하였습니다. 가정교회를 중심으로 한 초대교회의 소그룹은 '교회 속의 작은 교회' 로서 자리 매김 했고 양육, 교제, 구제를 중심으로 사역을 감당했습니다.

> 아시아의 교회들이 너희에게 문안하고
> 아굴라와 브리스가와 그 집에 있는 교회가
> 주 안에서 너희에게 간절히 문안하고 고린도전서 16:19

▶▶▶ 인도자는 성경에 나타난 소그룹이 단지 역사 속에서 기억될 이상향에 그치지 않음을 전합니다. 그 소그룹의 모습은 오늘 우리가 본받아 이어가야 할 모습입니다.

▶▶▶ 구약과 신약에 나타난 소그룹들은 각기 다양한 모습을 띄고 있지만 하나님의 인도하심 가운데 나아가고 있다는 점에서 공통적입니다. 또한 하나님께 영광을 돌리기 위해 헌신한다는 점에서도 공통적입니다. 하나님이 인간을 '하나님을 찬양하기 위한 도구'로 지으셨듯, 소그룹 역시 하나님을 찬양하고 영광 돌리기 위한 도구로 쓰임 받아야 합니다.

2. 성경이 전하는 건강한 소그룹의 특징

초대교회 공동체는 건강한 소그룹의 원형입니다. 사도행전 2장 42절에서 47절에 기록된 초대교회 공동체의 모습을 통해 건강한 소그룹의 일곱 가지 특징을 발견할 수 있습니다.

그들이 사도의 가르침을 받아 서로 교제하고 떡을 떼며
오로지 기도하기를 힘쓰니라 사람마다 두려워하는데
사도들로 말미암아 기사와 표적이 많이 나타나니
믿는 사람이 다 함께 있어 모든 물건을 서로 통용하고
또 재산과 소유를 팔아 각 사람의 필요를 따라 나눠 주며
날마다 마음을 같이하여 성전에 모이기를 힘쓰고
집에서 떡을 떼며 기쁨과 순전한 마음으로 음식을 먹고
하나님을 찬미하며 또 온 백성에게 칭송을 받으니
주께서 구원받는 사람을 날마다 더하게 하시니라 사도행전 2:42-47

가. 영성(사도행전 2:42)

영성이란 하나님의 마음을 배우는 것이며, 참된 영성은 말씀과 기도에 뿌리를 박고 있습니다. 왜냐하면 말씀을 통해 하나님의 뜻을 배우고 기도를 통해 하나님의 음성을 들을 수 있기 때문입니다. 초대교회 소그룹은 사도들을 통해 말씀을 듣는 것을 즐거워했고 기도에 매진함으로 영성을 강화시켰습니다.

이와 같이 건강한 소그룹은 하나님과의 만남을 최우선순위에 두고 하나님의 말씀을 배우기를 갈망하고 열심히 기도함으로써 '영성이 있는 공동체'로 나아갑니다.

▶▶▶ 소그룹을 통해 말씀을 배우고 그 말씀을 소그룹 안에서 적용할 때 지식의 차원을 넘어선 전인격적인 영적 성장이 가능해집니다. 따라서 생명 있는 소그룹 말씀공부는 구성원들의 영적 성장과 변화를 가져옵니다.

▶▶▶ 건강한 소그룹은 기도에 힘쓰는 공동체입니다. 초대교회 소그룹 공동체는 교회의 부흥, 말씀 전파, 성도간의 연합, 선교사 파송 등을 위해서 전심으로 기도했습니다. 사도 베드로가 옥에 갇혔을 때 가정 소그룹이 기도한 것이라든지 바울과 바나바를 파송할 때 기도한 것 등은 전형적인 예입니다. 또한 소그룹은 가장 확실한 중보기도 특공대입니다. 건강한 소그룹에는 중보기도의 강력한 역사가 나타납니다. 중보기도는 소그룹을 성장시키고 활력을 불어넣는 촉매제입니다.

나. 사랑과 연합(사도행전 2:42, 44, 46)

초대교회 소그룹은 예수님의 사랑과 희생을 실천하는 공동체였습니다. 개인의 목적이나 유익을 위해서가 아닌, 사랑과 섬김 속에서 교제를 나누었습니다. 그리고 무엇보다 하나 되기에 힘썼습니다.

마찬가지로 건강한 소그룹은 주 안에서의 교제와 사랑이 활발하며 마음을 같이하여 하나 되기에 힘씁니다. 사랑의 교제가 있기 때문에 서로에게 힘이 되어 믿음을 지켜 줄 수 있고, 믿음의 불이 더 타오르게 할 수 있습니다.

▶▶▶ **초대교회에서 서로를 형제, 자매라고 불렀던 것은 형식적인 칭호가 아니었습니다. 말 그대로 형제, 자매 즉 영적인 가족이 되었기 때문에 그렇게 불렀던 것입니다.**

▶▶▶ **사랑의 교제가 너무 지나쳐서 새로운 지체들을 받아들이지 못하는 친교과잉증이 나타나서는 안 됩니다. 소그룹 운동이 교회성장으로 발전하지 못하는 가장 큰 이유 중 하나가 바로 코이노나이티스(Koinonitis), 즉 친교과잉증입니다. 사랑의 교제가 너무 강력하여 다른 사람들을 받아들이지 못하고, 소그룹의 최대 목적인 영적 재생산과 창조적 번식을 기피한다면 그 자체가 생명력을 상실했다는 증거가 됩니다. 소그룹의 생명력은 건전한 세포분열로 이어져야 지속적으로 유지될 수 있습니다.**

다. 기사와 표적(사도행전 2:43)

사도행전 5장 16절에는 병든 사람들과 더러운 귀신 때문에 괴로워하는 사람들이 모두 다 나음을 얻었다고 기록되어 있습니다. 또한 사도행전 2장 43절부터 5장 16절에는 하나님께서 사도들에게 성령의 권능을 덧입히시고 이적을 행하게 하신 결과를 기록하고 있습니다. 이처럼 초대교회 공동체에는 많은 기적이 나타났습니다. 당시 사람들은 초대교회 성도들의 삶을 통해 하나님의 살아 계심을 보았기 때문에 초대교회를 존중하는 마음을 가졌습니다.

오늘날의 소그룹에도 기사와 표적이 나타날 수 있습니다. 하나님 안에 거하는 건강한 소그룹은 성령의 능력을 의지하며 나아갑니다. 인간의 힘으로 할 수 없는 일도 성령님의 도우심으로 능히 해낼 수 있습니다. 또한 인간의 생각과 계산을 초월한 역사를 체험할 수 있고, 이로써 세상 사람들에게 하나님의 살아 계심을 증거할 수 있습니다.

▶▶▶ 성령의 역사가 나타나는 능력의 소그룹이 되기 위해서는 다음과 같은 조건이 필요합니다.

1) 구성원들이 함께 모여 한마음으로 기도해야 합니다.
사도행전에 보면 백이십 명의 사람들이 마가 요한의 다락방에 모여서 '더불어' 오로지 기도에 힘썼다고 말합니다(사도행전 1:14-15). 개인의 기도보다 공동체를 위한 중보기도의 힘은 성령의 기름 부음을 증대시킬 수 있습니다. 비록 적은 수의 두세 사람이라도 예수님의 이름으로 모여 기도할 때 성령은 더 충만하게 임하시는 것입니다.

2) 소그룹 구성원 전체가 이적과 기사에 대한 기대감을 가져야 합니다.
우리가 믿는 하나님은 기적의 하나님이며 불가능한 것을 가능하게 하시는 분임을 믿어야 합니다. 인간이 할 수 없는 것을 하나님께서 가능하게 하시는 것이 기적입니다. 따라서 건강한 소그룹은 하나님의 기적을 기대하며 기도함으로 성령의 강한 역사를 체험할 수 있습니다.

3) 소그룹에서 성령의 은사를 발견하고 개발하는 일에 관심을 가져야 합니다.
정해진 순서에 의해 딱딱하게 진행되는 예배나 성도들이 방관자로 앉아있는 예배에서는 성령님의 역사하심을 기대하기가 어렵습니다. 그러나 소그룹은 모든 성도들이 적극적으로 참여할 수 있고 개인적인 돌봄이 가능하다는 점에서 은사 개발을 위한 좋은 기회를 제공합니다. 소그룹은 성령의 능력이 흘러가기 위한 파이프라고 할 수 있습니다. 생수가 흐르지 않는 파이프는 아무 소용없는 것처럼 성령님께서 운행하시지 않는 소그룹은 죽은 것과 마찬가지입니다. 이러한 소그룹은 생명이 없는 종교적인 사교모임에 불과합니다.

라. 구제(사도행전 2:45)

초대교회는 자발적으로 구제하고 서로의 필요를 채워 주는 공동체였습니다. 초대교회에서는 모든 물건을 통용했으며, 자신의 재산까지도 다른 사람을 위해 기꺼이 내놓았습니다.

건강한 소그룹 역시 서로를 섬기며 어려운 이들을 위해 구제합니다. 무엇보다 건강한 소그룹은 말로만 사랑하는 것이 아니라 자신이 가진 모든 것을 함께 나눔으로써 행함과 진실함이 있는 사랑을 보여줍니다.

▶▶▶ **초대교회에서는 모든 물건을 통용했으며, 자신의 재산까지도 다른 사람을 위해 기꺼이 내놓았습니다. 이 일이 얼마나 활발했던지 초대교회는 구제를 위해 따로 일곱 사람을 세울 정도였습니다. 이러한 건강한 소그룹에는 말로만 사랑하는 것이 아니라 자신이 가진 모든 것을 함께 나누는 행함과 진실함의 사랑이 있습니다.**

마. 예배와 찬미(사도행전 2:46-47)

초대교회 공동체는 성전에 모이기를 힘쓰는 공동체였습니다. 성전에서 모인 이유는 하나님께 예배를 드리기 위함이었습니다.

건강한 소그룹 역시 예배를 사모하며, 살아 있는 예배를 드리기 위해 힘씁니다. 또한 모임 자체가 하나님께 기쁨이 되고 하나님을 영화롭게 하는 도구가 되기를 소원합니다. 따라서 건강한 소그룹에는 언제나 예배를 통한 하나님의 임재하심이 있습니다.

▶▶▶ **소그룹 예배는 정형화된 주일 예배와는 달리 다양성을 시도할 수 있습니다. 기도를 중심으로 한 예배, 말씀의 묵상과 나눔을 중심으로 한 예배, 리더의 설교에 초점을 둔 예배 등 구성원들의 영적 필요에 따라 여러 가지 형태의 예배를 시도할 수 있습니다. 소그룹 예배는 이렇게 다양한 방법으로 주일 예배에서 충족하지 못한 필요를 채워줄 수 있습니다.**

바. 칭송(사도행전 2:47)

초대교회는 '하나님의 임재하심' 가운데서 '사랑과 헌신'의 마음으로 '구제와 섬김'을 실천했습니다. 이로 인해 세상 사람들로부터 칭찬을 받았습니다.

오늘날의 건강한 소그룹 역시 교회 내에서만이 아니라 교회 밖에서도 칭찬과 인정을 받습니다. 믿지 않는 사람들에게도 예수 그리스도의 향기를 드러내며 덕을 끼칠 수 있습니다.

▶▶▶ **소그룹이 건강한 이미지를 가지게 될 때 나타나는 장점이 있습니다.**

1) 내적인 흡인력
사람들이 그 모임에 매력을 느끼면 자발적으로 참여하려 할 것입니다. 예를

들어, 성경공부 소그룹이 좋은 이미지를 창출하면 많은 사람들이 그곳에 들어와 함께 성경을 배우려 할 것입니다.

2) 동기부여의 창출력

건강한 그룹 이미지는 구성원들의 자발적인 헌신을 이끌어 냅니다. 성도들이 자신의 소그룹에 대해 자신감과 기대감을 가지면 소그룹 사역에 자신을 더욱 헌신할 것입니다. 성도들의 헌신이 증가하면 그 결과 소그룹은 더욱 내실화되고 강화될 수 있습니다. 그러므로 소그룹 이미지와 성도들의 헌신은 비례관계에 있다고 볼 수 있습니다.

3) 외적인 영향력

소그룹이 건강한 이미지를 가질 때 교회에서만이 아니라 교회 밖에서까지 영향력을 끼칠 수 있습니다. 성도들은 자신이 속한 소그룹에 사람들을 데려오려고 할 것입니다. 또한 비신자들도 소그룹에서 나타나는 하나님의 역사를 볼 때 소그룹에 자발적으로 참여하고 싶을 것입니다.

사. 전도(사도행전 2:47)

초대교회 소그룹 공동체는 전도하는 소그룹이었습니다. 그들은 성전에 있든지 집에 있든지 '예수는 그리스도' 라고 전도하기를 쉬지 않았습니다(사도행전 5:42). 또한 사도들은 소그룹 팀을 형성하여 전도했고, 전도를 위한 기도 소그룹을 만들어 나갔습니다(사도행전 14:23). 전도와 기도로 단단히 연합한 초대교회 소그룹은 환난과 핍박 가운데서도 복음을 널리 전파하였습니다.

이처럼 건강한 소그룹은 서로 힘을 모아서 '한 영혼이라도 더 살리는 일'에 주력합니다. 모임을 통해 하나님께서 살아 계심을 나타내고자 힘씁니다.

▶▶▶ **건강한 소그룹은 본질적으로 전도지향적입니다. 소그룹의 목적은 비신자들을 하나 둘 씩 전도해서 소그룹을 재생산하는 데 있습니다. 생명이 있는 인간의 세포가 계속 자라나서 분열하듯이 소그룹의 생명력은 성장하고 배가 증식하는 형태로 나타나야 합니다.**

더불어 나눔

1. 건강한 소그룹을 만들기 위해 오늘부터 당장 실천할 수 있는 것을 하나씩 나누어 봅시다.

▶▶▶ 인도자는 바로 앞에서 배운 일곱 가지 키워드를 하나씩 적어 가면서 지금 내가 처한 상황에서 가장 먼저 적용할 수 있는 것을 찾아보도록 합니다. 아니면, 지금 우리의 소그룹에 가장 필요할 것이 무엇인지 떠올려보라고 전합니다.

2. 내가 속한 소그룹이 과연 세상 사람들에게 칭찬받는 소그룹인지 돌아보는 시간을 가져 봅시다.

▶▶▶ 칭찬받는다는 것은 선한 영향력을 끼치거나 덕을 끼치는 것입니다. 교회의 소그룹은 세상적인 가치관에서 벗어나기에 세상으로부터 비웃음을 받을 수 있지만, 그 가운데서도 세상을 감동시킬 하나님의 마음을 전할 수 있어야 합니다.

마음 밭에 심기

주제 말씀 암송

이에 열둘을 세우셨으니 이는 자기와 함께 있게 하시고 또 보내사 전도도 하며 귀신을 내쫓는 권능도 가지게 하려 하심이러라 마가복음 3:14-15

▶▶▶ 이 성구는 예수님이 제자들을 소그룹으로 나누시고 전도자로 파송하시는 장면입니다. 예수님은 오늘도 우리를 그렇게 파송하신다는 사실을 기억하면서 이 성구를 암송하도록 합니다.

마음에 새기기

▶▶▶ 인도자는 마음에 새기기를 통해 이 과에서 배운 내용을 점검하고 중요 내용을 숙지할 수 있어야 한다고 말합니다. 읽을 때에는, 스스로 읽고 복습하는 것도 좋지만 서로 짚어 주는 것이 더 효과적일 수 있습니다. 그러므로 소그룹별로 읽어 볼 수 있도록 유도합니다. 또한 인도자는 한 주에 한 번 이상 이 내용을 각자 체크할 수 있도록 권면합니다.

성경에는 다양한 소그룹 모델이 나타나 있습니다

1. 구약에는 아담과 하와의 공동체, 출애굽 시기에 이드로의 제안으로 구성된 소그룹이 등장합니다.
2. 신약에는 열두 제자 소그룹, 초대교회 소그룹이 대표적인 모델로 등장합니다.

사도행전 2장 42절부터 47절에서 보여 주는 초대교회 공동체는 건강한 소그룹의 원형입니다

1. 건강한 소그룹은 말씀을 갈망하고 열심히 기도함으로써 영성 있는 공동체로 나아갑니다.
2. 건강한 소그룹은 주 안에서의 교제와 사랑이 활발하며, 마음을 같이하여 하나 되기에 힘씁니다.
3. 건강한 소그룹은 성령의 능력 안에서 기사와 표적을 체험할 수 있습니다.
4. 건강한 소그룹은 서로를 섬기며 어려운 이들을 구제합니다.
5. 건강한 소그룹은 예배를 통해 하나님을 경배하고 찬양하기에 힘씁니다.
6. 건강한 소그룹은 진실한 사랑을 보여 줌으로써 교회 안팎의 사람들에게 본이 되어 줍니다.
7. 건강한 소그룹은 한 영혼이라도 더 살리기 위해 복음 전파에 힘씁니다.

▶▶▶ 인도자는 이 과를 정리하며 마무리합니다. 우리는 이 과를 통해 성경에 나타난 소그룹의 다양한 모습을 살펴보고 어떤 부분을 모델로 삼아야 하는지 배웠습니다. 이제 이것을 기억하며 우리의 소그룹도 성경적인 소그룹이 되도록 이끌어 나가야 할 것입니다.

다음 과에서는 어떻게 하면 소그룹 모임을 운영할 수 있는지 배우게 될 것입니다.

Tip 건강한 소그룹을 이루기 위해 유지해야 할 기초적인 원리

1) 구성원 한 사람 한 사람의 잠재력을 인정하라.
2) 모든 잠재력은 예수님에 의해서만이 최고로 실현될 수 있다는 점을 인식하라.
3) 협력과 나눔을 위한 구체적인 약속을 세워라.
4) 내적 변화를 추구하라.
5) 열린 소그룹이 되어라.
6) 성경 중심으로 돌아가라.
7) 영적인 전체성을 지향하라.
8) 풍성한 교제의 기쁨을 누려라.

제3과

소그룹 모임의 운영

오늘 우리는...

- 이 과를 통해, 소그룹 운영의 기본 요소와 기본 단계에 대해 알게 됩니다.
- 이 과를 통해, 소그룹 운영의 기본 원리에 대해 알게 됩니다.

▶▶▶ 인도자는 이 과를 통해 소그룹 모임을 운영할 때 기본적으로 알아야 할 사항들을 배우게 된다고 전합니다. 크게 소그룹 운영에 필요한 기본 요소, 단계, 원리를 다루게 됩니다.

마음 문 열기

미국 역사상 가장 존경받는 대통령인 링컨은 마흔아홉 살이 될 때까지만 해도 실패를 거듭하는 인생을 살았습니다. 그가 경험한 실패들을 생각한다면, 그가 이룬 성공들은 정말 보잘 것 없는 것이었습니다. 이런 링컨이 위대한 지도자가 될 수 있었던 것은 기도의 사람이었기 때문입니다. 역경 속에서도 그는 기도하면서 인내했습니다. 그리고 하나님께서 대통령의 기회를 주셨을 때에도 기도하며 직무를 감당했고 기도로써 리더십을 발휘했습니다

특히 그는 대통령이 된 후 남북전쟁이 일어났을 때 기도로 하나님께 도우심을 구했습니다. 미국 육군 전투 교범에는 역사상 위대

했던 전쟁을 분석한 내용들이 담겨 있는데, 그중에 남북전쟁은 병력과 무기 등 여러 가지 면에서 열세했음에도 불구하고 승리를 거둔 싸움으로 소개하고 있습니다. 당시 남군에는 위대한 명장 로버트 리가 있었고 전력상 모든 면에서 우세했지만 승리는 북군에게 돌아갔습니다. 전쟁이 끝난 후 링컨은 이렇게 고백했습니다.

"북군의 승리는 기도의 승리였습니다. 우리에게 남군의 로버트 리 장군 같은 명장이 없는 것이 오히려 다행이었습니다. 왜냐하면 기도로 하나님을 더욱 의지할 수 있었기 때문입니다."

▶▶▶ **이 예화는 링컨이 기도로 나라를 이끌었음을 보여 주고 있습니다. 곧 하나님의 인도하심 가운데 치리한 것입니다. 인도자는 소그룹 운영 역시 하나님과의 교통 가운데 이루어져야 한다고 전합니다. 그것이 세상의 모임과 교회 소그룹의 중요한 차이라는 사실도 함께 설명합니다.**

여기서 잠깐

우리의 소그룹이 가장 위대한 후원자를 모시려면 어떻게 해야 할까요?

▶▶▶ 인도자는 이 과의 주제와 연결하여, 소그룹 운영에 있어 위대한 후원자를 모시는 것이 우선이 되어야 함을 알려 줍니다. 그리고 그 후원자는 바로 하나님이심을 전합니다. 최고의 후원자이신 하나님을 모시는 방법은 위의 예화에서 언급했듯 하나님을 의지하는 기도로 먼저 나아가는 것입니다.

배움과 익힘

▶▶▶ 들어가기 전에 인도자는 크게 세 가지 부분 즉 소그룹 운영의 기본 요소, 단계, 원리에 대해 다룰 것이라고 예고해 줍니다. 그리고 소그룹의 성격이 각기 다르기 때문에 오늘 배운 내용을 그대로 적용하려고 하기보다는, 모임의 성격에 맞게 적용해야 한다고 설명합니다.

1. 소그룹 운영의 기본 요소

교회의 소그룹은 모임의 목적에 따라 다양하게 운영되지만, 다음의 네 가지 기본 요소는 어느 공동체에나 공통적으로 내재되어 있어야 합니다.

가. 예배

세상의 소그룹과는 달리 교회의 소그룹은 하나님을 믿고 예배하는 공동체입니다. 인간의 친교보다는 하나님께서 중심이 되시는 모임입니다. 소그룹 활동의 중심에 하나님을 모시고 있을 때 소그룹은 하나님의 인도하심을 받아 올바른 길을 가게 될 것입니다.

▶▶▶ **예배는 그리스도인의 공동체를 위한 필수 요소입니다. 그것은 하나님에 대한 지식에서 비롯되는 것인데, 우리가 하나님을 점점 더 알아 갈수록 그 분을 더욱 찬미하며 높이게 될 것입니다. 또한 예배는 하나님이 어떠한 분이신가를 생각하며 그분에게 사랑을 표현하는 행위입니다. 인도자는 이런 사실을 기억하며 소그룹 모임이 하나의 예배가 될 수 있어야 한다고 전합니다. 특히 내가 속한 소그룹이 무미건조하고, 잘 뭉쳐지지 않고 분열되고 있다면 진실한 예배를 드림으로써 위기를 극복해 나가야 한다고 전합니다.**

나. 양육

소그룹에서는 그 성격이 어떠한 것이든 영적 성장을 위한 양육의 과정이 수반되어야 합니다. 양육하는 사람은 마치 자녀를 양육하듯 사랑과 진심으로 가르쳐야 하고 양육받는 사람은 자신의 지위나 나이와 상관없이 양육자를 신뢰하고 온전히 따르겠다는 자세가 필요합니다.

▶▶▶ **양육이란 지성과 심령(mind and spirit)의 양 측면에서의 성장을 포함합니다. 특히 그리스도인들이 영적 생명력을 유지하며 풍성한 열매를 맺는 삶을 살고자 한다면, 무엇보다 하나님 말씀의 능력을 의지해야 합니다.**

다. 교제

하나님께서 기뻐하시는 모임이 되려면 하나가 되어야 합니다. 하나가 되기 위해 영육 간의 교제가 이루어져야 하고, 나머지 다른 요소(예배, 양육, 선교) 역시 선한 교제 가운데서 이루어져야 합니다. 초대교회가 그러했던 것처럼 서로의 기쁨과 슬픔, 아픔을 함께하는 모습이 소그룹 내에서 나타나야 합니다.

▶▶▶ 공동체적 교제라는 것은 그리스도인들이 모여서 만드는 소그룹에 필요한 요소입니다. 예루살렘 교회는 코이노니아, 즉 교제에 집중하고 있었습니다(사도행전 2:44-47). 인도자는 그리스도인의 공동체 의식은 단순히 주관적으로 느끼는 소속감이 아니며, 마치 가족들에 대하여 갖는 사랑과 헌신의 감정에 가깝다고 전합니다.

▶▶▶ 인도자는 소그룹 안에서는 서로 간에 친밀한 관심과 배려가 있는지 생각해 보게 합니다. 구성원들끼리 서로를 신뢰하며 의지하는지, 초대교회처럼 재물과 소유를 팔아 어려움에 처한 지체를 돕는 수준으로 사랑하고 있는지 돌아보라고 전합니다.

라. 선교

그리스도인이 함께 모이는 중요한 이유 중 하나는 예수 그리스도께서 이 땅에 오신 기쁜 소식을 사람들에게 전하기 위함입니다. 그리고 복음을 통해 각 개인과 사회를 변화시키기 위함입니다. 앞서 다룬 예배, 양육, 교제 역시 결국은 하나님의 사랑과 능력을 널리 전파하는 것을 목표로 삼습니다.

▶▶▶ 선교는 생명력이 넘치는 소그룹 활동의 요소이며, 선교의 개념은 전도와 사회적 활동을 포함합니다. 특히 여기서 말하는 선교의 개념은 이웃에게 주님을 소개하는 것으로부터 병든 사람에게 끼니를 제공해 주는 일, 사회 봉사 등을 다 포함합니다. 그리고 무엇보다 소그룹에서 이루어져야 할 선교는 각 사람이 맡은 일(교회, 가정, 직장에서)을 위하여 기도하고 격려해 주는 일에서부터 시작됩니다.

▶▶▶ 소그룹 내에서 아직 목표 설정이 분명히 되어 있지 않다면 각자 자기가 속한 그룹의 활동 성격에 대하여 간단히 써보도록 합니다. 그리고 그것이 교회가 전체적으로 지향하는 선교 사역의 방향과 어떤 관련이 있는지 정리해 보도록 합니다.

2. 소그룹 운영의 단계

소그룹은 다양한 형식과 절차를 가질 수 있지만, 일반적으로는 다음의 단계에 따라 운영될 수 있습니다.

가. 준비

시작 분위기를 조성하고 서로를 이해하기 위한 시간입니다. 질문을 던진 후 모두에게 말할 수 있는 기회를 제공하는 것도 한 방법입니다. 질문을 할 때에는 옳고 그름을 판단하기 위한 질문이 아닌 상대방의 의견이나 경험을 묻는 질문을 하도록 합니다.

▶▶▶ 준비 단계에서 서로 질문을 하는 것은 서로를 알아가는 데 많은 도움이 됩니다. 이 단계에서 소그룹 리더는 모든 사람이 답변을 잘할 수 있도록 격려해 주어야 합니다.

▶▶▶ 좋은 질문의 특징에는 다음과 같은 것들이 있습니다.

1) 옳고 그름의 대답이 아니다.
2) 의견이나 경험을 물어본다.
3) 특정 지식을 요구하지 않는다.
4) 논쟁적이지 않다.

▶▶▶ 준비 단계에서 나올 수 있는 질문의 예에는 다음과 같은 것들이 있습니다.

1) 당신에게 일어났던 일 가운데 가장 어려웠던 경험은 무엇입니까?
2) 만일 당신에게 일억 원이 주어진다면, 그 돈으로 무엇을 할 생각입니까?

3) 당신의 결정 가운데 가장 나빴던 것은 무엇입니까?
4) 당신의 결정 가운데 가장 중요했던 것은 무엇입니까?
5) 당신의 인생 중에 가장 큰 실패는 무엇입니까?
6) 당신은 죽은 뒤에 어떻게 기억되길 원하십니까?
7) 당신이 만났던 가장 위대한 사람은 누구입니까? 왜 그렇습니까?
8) 당신의 인생 중에 가장 크게 영향을 주었던 사람은 누구입니까? 왜 그렇습니까?

나. 나눔

소그룹 활동에 있어서 실제로 배우고 나누는 단계입니다. 가령, 말씀공부를 하는 소그룹이라면 말씀을 가르치고 나누는 시간으로 진행하게 됩니다. 특정한 봉사를 위해 모인 소그룹이라면 어떻게 봉사할지에 대해 의논하고 토의하는 방식으로 진행합니다. 이 단계에서는 리더가 일방적으로 가르치는 것에서 그치지 말고 함께 의견을 나누는 자리가 마련되어야 합니다.

▶▶▶ 인도자는 모든 단계들이 다 중요하지만, '나눔 단계'는 모임에서 가장 핵심적인 시간일 수 있다고 전합니다. 이 단계에서는 목표했던 바를 나누어야 적용 단계에서도 성공을 거둘 수 있습니다.

다. 적용

배우고 나눈 내용은 반드시 적용으로 연결되어야 합니다. 소그룹에서의 나눔과 활동은 개개인의 삶으로 이어져야 효과가 나타납니다. 그러므로 어떻게 삶에 적용할 수 있을지에 대해 지혜를 모으고 구체적인 실천 방안에 대해서도 나누도록 합니다.

▶▶▶ 소그룹 리더는 나눈 내용이 실천으로 이어질 수 있도록 이끌어야 합니다. 적용을 위해서 구체적인 예를 들어 주는 것도 좋은 방법입니다. 특히 성경공부를 통한 소그룹에서의 적용 부분은 더욱 중요하게 다루어져야 합니다.

라. 기도

소그룹 모임은 반드시 하나님의 뜻을 구하는 모임이 되어야 합니다. 그러므로 기도로 마무리하는 것이 좋습니다. 하나님의 도우심을 구하고 동시에 결단과 다짐을 하는 기도를 드려야 하고, 특히 한마음이 되어서 기도를 해야 합니다. 그리고 공동의 기도제목뿐만 아니라 개인 기도제목을 나눠 서로가 서로를 위해 중보할 수 있는 자리도 마련하도록 합니다.

▶▶▶ 인도자는 소그룹 내에서 기도할 때 참고하면 좋을 내용을 알려 줍니다.

1) 기도는 간단하고, 솔직하게 해야 합니다. 소그룹에 새가족이 포함되어 있을 경우에는 기도 시간을 짧게 하는 것도 좋은 방법입니다.

2) 소그룹 내에 새가족이 있거나 모임이 교회 밖에서 이루어질 경우에는 전투적인 기도보다는 대화식의 기도를 하는 것이 좋습니다. 전투적 기도는 비신자 및 새가족에게 위화감을 줄 수 있습니다. 일반적으로 대화식 기도는 감사와 간구를 기본으로 합니다. 소그룹에서는 넘치는 감사와 경배, 그리고 구체적인 간구를 드리는 기도를 지향해야 합니다.

3) 말은 적게, 기도는 많이 해야 합니다. 기도제목을 나누는 것보다 서로를 위해 기도하는데 시간을 더 사용해야 합니다. 지나치게 많은 시간을 기도제목을 나누는데 사용하기 때문에 많은 사람이 기도모임을 '기도 요청 모임'으로 생각하는 경우가 있습니다.

4) 설교하지 말고 기도해야 합니다. 설교식 기도문이나 별로 영적이지 않는 것을 강조하는 신학적 작문을 사용하지 말아야 합니다.

5) 새가족 중심으로 모인 소그룹은 방언기도보다는 널리 알려진 언어로 기도하는 것이 좋습니다. 특히 모임이 교회 밖에서 이루어질 때에는 방언기도를 피하도록 합니다. 새가족과 비신자들은 이것을 이해할 수 없습니다.

6) 독창적으로 기도해야 합니다. 매일 동일한 방식과 지루한 순서로 기도하지 말고 그날에 합당한 기도제목을 구하고 간절히 기도해야 합니다.

▶▶▶ 인도자는 단계와 관련하여 특별히 참조해야 할 사항들을 일러 줍니다. 소그룹 모임은 특별한 경우를 제외하고는 구성원이 지칠 정도로 긴 시간 진행하지 않도록 주의합니다. 모임이 길어지면 그 다음 모임을 부담스럽게 여길 수 있습니다. 반면 모임이 생각보다 짧으면 오히려 아쉬운 마음에 다음 모임이 빨리 돌아오기를 기대하게 됩니다.

3. 소그룹 운영을 위한 기본 원리

가. 비전과 목적 중심으로 운영하기

소그룹을 운영하기 위해서는 무엇보다 먼저 소그룹의 비전 및 목적을 뚜렷하게 세워야 합니다. 리더가 먼저 그 부분을 분명하게 인지하고 있어야 하며, 구성원에게도 명확하게 이해시켜야 합니다. 비전과 목적이 뚜렷할 때 소그룹은 흔들리지 않고 한 길로 나아갈 수 있습니다. 그리고 무엇보다 왜 모이는지에 대해 알기 때문에 모임을 더 사모하게 되며 활동에 열정을 갖게 됩니다.

나. 사랑으로 교제하기

사랑으로 교제하는 것은 소그룹 운영의 기본적인 덕목입니다. '서로 사랑하라'는 새 계명대로 서로 사랑하는 공동체가 되는 것은 매우 중요합니다. 서로 사랑하는 공동체가 형성될 때 사람을 변화시키는 역동적인 역사가 일어납니다.

내 계명은 곧 내가 너희를 사랑한 것 같이
너희도 서로 사랑하라 하는 이것이니라 요한복음 15:12

하나님께서는 처음부터 우리 인간과 교제하기 원하셨습니다. 사랑의 하나님께서는 인간과 교제를 하기 위해서 독생자를 이 땅에 보내 주셨습니다. 교제란 베푸는 것입니다. 서로가 사랑을 주고받는 것입니다. 구성원들 사이에 서로 베풀고 나누어 주는 교제가 활발할 때 하나님의 속성을 닮아 가는 소그룹이 됩니다.

다. 리더십을 공유하고 참여를 유도하기

리더 혼자의 힘으로는 소그룹 사역을 감당할 수 없습니다. 소그룹의 성공과 실패는 구성원 모두의 책임 있는 참여에 달려 있습니다. 리더의 가장 큰 역할은 사람들에게 역할과 책임을 나누어 주고 그들이 일을 잘할 수 있도록 격려하고 뒷받침해 주는 것입니다.

리더십을 분담하면 역할을 나누어 분배할 수 있어 리더의 짐을 덜게 됩니다. 또한 구성원이 성취감을 느낌으로써 더욱 소그룹에 헌신하게 되며 신뢰를 받고 있다고 느끼게 됩니다.

라. 효과적인 커뮤니케이션 방법을 개발하기

사람들은 자신의 생각과 감정을 교환할 수 있을 때 그 공동체에 소속감을 느낍니다. 생각을 주고받는 진정한 마음의 교류가 없는 모임은 죽은 공동체입니다. 특히 리더는 일방적으로 설교하거나 가르치려고 하지 말고 구성원의 적극적인 참여를 이끌어야 합니다. 구성원들의 어려움을 이해하고 '돕는 자'의 역할을 감당해야 합니다.

마. 소그룹 분위기를 밝게 하기

건강한 소그룹이 되기 위해서는 진실한 마음으로 대화하고 자신을 솔직하게 이야기할 수 있는 환경이 제공되어야 합니다. 또한 서로를 용납하고 이해하는 밝은 분위기가 형성되어야 합니다. 이를 위해 서로의 '다름'을 인정하고 존중하는 마음이 필요합니다.

바. 문제와 갈등에 지혜롭게 대처하기

어느 집단에나 갈등은 필연적으로 나타납니다. 각 사람의 개성이 다르고 관점이 다르고 생각하는 것이 다르기 때문입니다. 갈등의 해결은 바로 이 갈등을 자연스러운 것으로 인정하고 받아들이는 데서 시작됩니다.

갈등을 해결하려면 갈등 해결에 대해 적극적인 자세를 가져야 하고 어떤 종류의 갈등인지를 파악해야 합니다. 그리고 사람의 인격과 의견을 분리해서 생각하고, 말 한마디를 할 때에도 조심해야 합니다. '아이 메시지'(I-message)와 같이 상대방의 기분이 상하지 않으면서도 내 뜻을 솔직히 밝힐 수 있는 방법을 사용해야 합니다.(아이 메시지의 예 : "나는 당신이 ~하게 해 주었으면 좋겠습니다.", "내가 ~하게 생각해 보고 적용해 본 결과 이런 문제가 생겼는데, 내가 무엇을 잘못한 걸까요?")

사. 성령의 역사하심을 기대하기

소그룹을 운영할 때 역시 성령님을 적극적으로 인정하며 그분의 주도하심을 간구해야 합니다. 소그룹의 주인은 성령님이시기 때문입니다. 소그룹은 성령님께서 일하시는 통로일 뿐이며 그 자체로는 아무 힘이 없습니다. 성령의 역사하심이 나타날 때 소그룹 사역은 의미가 있습니다.

성령의 인도하심을 받기 위해서는 리더가 정기적인 경건의 시간을 가져야 합니다. 그리고 소그룹 모임은 기도로 시작하고 기도로 끝내야 하며, 모임 내내 성령님을 의지하고 성령의 기름 부으심과 인도하심을 받도록 해야 합니다.

> 주 예수 그리스도의 은혜와 하나님의 사랑과 성령의 교통하심이
> 너희 무리와 함께 있을지어다 고린도후서 13:13

▶▶▶ **인도자는 지금 배운 기본 원리들이 세상의 소그룹과 비슷한 점이 많다는 것을 알려 줍니다. 그런데 여기서 가장 큰 차이를 보이는 원리는 마지막에 다룬 성령의 역사하심을 기대하는 것입니다. '가'에서 '바'까지의 원리가 잘 반영이 되었다고 해도 성령의 역사하심이 없다면 생명력 있는 소그룹이 되지 못합니다. 반면에 성령의 역사하심이 있다면 앞의 원리들은 보다 쉽게 소그룹 내에서 적용될 수 있을 것입니다.**

더불어 나눔

1. 우리의 소그룹에 예배, 양육, 교제, 선교가 골고루 포함되어 있는지 돌아보고 부족한 부분이 있다면 어떻게 강화시키면 좋을지 이야기해 봅시다.

▶▶▶ 인도자는 지금 이 모임을 갖는 소그룹의 상황을 돌아볼 뿐만 아니라, 각자가 따로 소속되어 있는 소그룹에 대해서도 살펴볼 수 있게 합니다. 부족한 부분들은 어떻게 개선하고 극복해야 할지 서로 조언해 주는 시간도 갖도록 합니다.

2. 성공적인 소그룹을 운영하려면 리더와 구성원의 역할도 중요하지만 무엇보다 성령의 인도하심이 있어야 합니다. 소그룹 가운데 성령님께서 늘 함께 하시길 간구하고 기도하는 시간을 가져 봅시다.

▶▶▶ 성령의 인도하심이 있으려면 기도로 먼저 나아가야 합니다. 기도하는 소그룹은 반드시 잘못된 길로 치우치지 않음을 기억하면서 다함께 기도하는 시간을 갖습니다. 그리고 기도 가운데서 더욱 강력한 성령의 역사하심을 기대해 보도록 합니다.

마음 밭에 심기

주제 말씀 암송

주 예수 그리스도의 은혜와 하나님의 사랑과 성령의 교통하심이 너희 무리와 함께 있을지어다 고린도후서 13:13

▶▶▶ 이 성구는 성령님이 함께하시는 소그룹을 연상하게 합니다. 인도자는 이 말씀이 우리 소그룹에 적용될 수 있도록 노력하자고 전합니다.

마음에 새기기

▶▶▶ 인도자는 마음에 새기기를 통해 이 과에서 배운 내용을 점검하고 중요 내용을 숙지할 수 있어야 한다고 말합니다. 읽을 때에는, 스스로 읽고 복습하는 것도 좋지만 서로 짚어 주는 것이 더 효과적일 수 있습니다. 그러므로 소그룹별로 읽어 볼 수 있도록 유도합니다. 또한 인도자는 한 주에 한 번 이상 이 내용을 각자 체크할 수 있도록 권면합니다.

교회의 소그룹은 예배, 양육, 교제, 선교의 네 가지 요소가 조화를 이루어야 합니다

1. 교회 안의 소그룹은 하나님을 믿고 예배하는 작은 공동체입니다.
2. 소그룹은 영적으로 성장하기 위해 양육이 수반되어야 합니다.
3. 소그룹 내의 모든 활동은 교제 가운데 이루어져야 합니다.
4. 그리스도인의 모임이 존재하는 것은 결국 복음을 전하기 위함입니다.

소그룹은 일반적으로 네 가지 단계에 따라 운영됩니다

1. 준비 단계에서는 시작 분위기를 조성하고 서로를 이해하기 위한 자리를 마련합니다.
2. 나눔 단계에서는 모임의 목적에 따라 실제로 배우고 익혀야 할 내용을 나눕니다.
3. 적용 단계에서는 나눈 내용을 어떻게 개인의 삶으로 연장해 나갈지 적용점을 찾습니다.
4. 기도 단계에서는 하나님의 인도하심을 구하며 기도로 마무리합니다.

소그룹을 운영하기 위해 알아 두어야 할 기본 원리가 있습니다

1. 소그룹의 비전이 무엇인지 확인하고 구성원에게 분명히 알려야 합니다.
2. 리더는 역할과 책임을 구성원과 나누고 그들을 격려해야 합니다.
3. 리더는 효과적인 소통을 위해 가르치려는 일방적인 태도를 지양해야 합니다.
4. 진실한 마음으로 대화하며 서로를 용납하고 이해하는 밝은 분위기를 만들어야 합니다.
5. 서로 사랑하고 교제하기에 힘쓰도록 운영해야 합니다.
6. 문제와 갈등에 지혜롭게 대처해야 합니다.
7. 성령님을 적극적으로 인정하며 그분의 주도하심을 간구해야 합니다.

▶▶▶ 인도자는 이 과를 정리하며 마무리합니다. 우리는 이 과를 통해 소그룹 운영에 있어서 기본적인 사항들을 다루었습니다. 운영에 있어서 본질적으로 기억해야 할 것들을 놓치지 않는다면 보다 건강한 소그룹을 세워 나갈 수 있을 것입니다.

다음 과에서는 소그룹 리더에게 필요한 부분들을 중점적으로 다루게 될 것입니다.

제4과

소그룹 리더의 역할과 자질

오늘 우리는...
- 이 과를 통해, 소그룹 리더의 기본 역할에 대해 알게 됩니다.
- 이 과를 통해, 소그룹 리더의 자질에 대해 알게 됩니다.

▶▶▶ 인도자는 이 과에서 소그룹 리더가 알아야 할 필수 사항들을 집중적으로 배우게 된다고 전합니다. 곧 어떤 역할을 감당해야 하는지, 그리고 어떤 자격을 갖추어야 하는지를 살펴보게 될 것입니다.

마음 문 열기

1943년 2월 미군 수송선 돌체스터호가 그린란드 근해에서 빙산과 충돌하여 미군 사백여 명이 죽는 대참사가 발생했습니다. 이 사고가 일어날 당시 수송선에는 성직자 네 명이 있었습니다. 그들은 개신교 목사와 천주교 신부, 유대교 랍비들이었습니다.

그런데 배가 침몰하기 시작하자 성직자들은 자신이 입고 있던 구명조끼를 벗어서 다른 사람에게 나눠 주고 구조 활동을 했습니다. 다른 사람들을 위해 자신의 생명을 포기한 것입니다. 그뿐만 아니라 그 와중에도 다른 사람들을 위로해 주었습니다. 결국 배는 침몰하였고 구명조끼를 입지 않은 성직자들은 모두 생명을 잃었습니다. 그러나 그들의 구명조끼를 받은 사람들과 그들의 도움을 받은 사람들은 살아남았습니다. 그 후 생존자들을 통해 그들의 아름다운 희생이 세상에 널리 알려지게 되었습니다.

▶▶▶ **인도자는 사람들을 살리기 위해 자신의 목숨을 아끼지 않은 성직자들의 모습에 주목할 수 있게 합니다. 그들은 다른 사람을 위해 희생하는 리더십을 보였습니다. 목숨만 내어 놓은 것이 아니라, 혼란 중에도 평안을 얻을 수 있도록 끝까지 힘썼습니다. 인도자는 이런 모습이 리더가 가져야 할 중요한 마음가짐 중 하나임을 기억하라고 전합니다.**

여기서 잠깐

내가 속한 소그룹의 지체를 구하기 위해 나는 어떤 것을 희생할 수 있을까요?

▶▶▶ 희생은 예화에서 처럼 목숨을 내놓는 것만을 말하지 않습니다. 나의 필요 대신 구성원의 필요를 먼저 생각하는 것도 충분히 희생이 될 수 있습니다. 또한 구성원을 위해 생명을 다해 기도하는 것, 구성원의 저지른 실수를 리더로서 대신 감당하는 것 등도 희생의 모습이 될 수 있습니다. 인도자는 이러한 예를 들어 주도록 합니다.

배움과 익힘

▶▶▶ 들어가기 전에 인도자는 이 과에서 다루게 될 내용이 단지 현재 리더로서 헌신하는 사람에만 해당되는 것이 아니라, 모든 구성원들에게 필요함을 밝혀 둡니다. 현재 리더로서 헌신하지는 않더라도 MTS 과정을 거치는 구성원들은 앞으로 평신도 사역자로서 나아가야 하기 때문입니다. 즉, 모두가 리더로서 알아야 할 사항들을 잘 배워 두어야 합니다. 인도자는 이 과의 내용이 구성원 모두에게 필요한 사항임을 강조하면서 본격적인 내용에 들어가도록 합니다.

1. 소그룹 리더의 역할

가. 소그룹의 미래를 그려야 함

리더는 소그룹이 하나님께 쓰임 받는 도구로 성장해 나갈 그림을 그려야 합니다. 리더가 제시한 비전에 의해 소그룹의 미래 모습이 결정되므로 리더는 신중하게 청사진을 제시해야 합니다.

특히 리더는 다른 사람들이 보지 못하는 것을 볼 수 있어야 합니다. 구성원이나 외부 사람들이 불가능하다고 생각하는 것일지라도 희망을 가지고 긍정적으로 생각할 수 있어야 합니다. 또한 진정한 리더는 소그룹의 미래를 준비하기 위해 따로 시간을 투자할 줄 알아야 합니다. 가령 필요한 부분에 대해서는 책을 읽는 등 개인적으로 공부를 해야 합니다. 그뿐만 아니라 자신이 그린 미래의 그림에 대해 구성원과 나누고 구성원이 미래에 어떤 역할을 하게 될지 분명하게 이해할 수 있도록 도와주어야 합니다.

나. 소그룹을 성장시켜야 함

리더는 소그룹이 정체되지 않고 앞으로 계속해서 나아갈 수 있도록 도와야 합니다. 이를 위해 리더는 잘못된 것이 있을 때에는 바로잡기 위해 노력해야 합니다. 때로는 올바른 책망과 권면도 할 수 있어야 합니다. 당장 그것이 구성원에게는 쓴 약처럼 느껴지겠지만, 결국에는 구성원을 성장의 길로 이끌어 줄 것입니다.

무엇보다 리더 자신이 구성원에게 본이 되어야 합니다. 구성원은 리더의 모습을 보고 따라가기 때문에 리더가 올바르게 성장하는 모습을 보여야 자연스럽게 소그룹 전체가 도태되지 않고 성장할 수 있습니다.

다. 목적을 실현해야 함

교회의 소그룹은 구성원들의 영적 성장과 발전을 바탕으로 소그룹의 목적을 이루어 나갑니다. 리더는 구성원이 모인 목적을 분명히 하고, 그것을 온전히 성취해 나갈 수 있도록 감독하며 도울 책임이 있습니다.

또한 리더는 구성원의 자질과 능력을 한데 모아 소그룹의 목적 달성을 위해 쏟아부어야 합니다. 이를 위해 리더는 구성원에게 목적 달성을 위한 동기를 부여해야 합니다. '왜 이 일을 위해 힘을 모아야 하는지' 를 일깨워 줌으로써 목적을 향해 마음이 움직일 수 있게 해 주어야 합니다.

라. 소그룹을 유지시켜 주어야 함

'케네스 벤' 과 '폴 쉬츠' 는 소그룹 유지를 위한 리더의 역할에 대해 다음과 같이 정리했습니다.

1) 새로운 생각을 제공

소그룹의 발전을 위한 창조적 아이디어를 제시해야 하며, 구성원 스스로 보다 더 창조적인 사고를 할 수 있도록 이끌어 주어야 합니다.

2) 자료 수집과 제공

소그룹의 목적에 필요한 자료들을 총체적으로 모으고 제시할 책임이 있습니다. 무엇보다 권위 있는 자료들을 모을 수 있는 능력을 갖추어야 합니다.

3) 의견 제공

구성원을 대표하여 적절한 소신과 의견을 제공해야 하며, 구성원이 고려하지 못하고 있는 부분까지 체크하여 필요한 내용을 전달해야 합니다.

4) 조정

잘못된 것이 있을 때는 권면과 조언으로 바로잡아 주고 그에 대한 이유를 분명히 설명해야 합니다.

5) 완성

구성원이 스스로 의견을 제시할 수 있도록 하되, 그 의견들을 종합, 정리하고 완성하는 것은 리더가 담당해야 합니다.

6) 방향 제시

목표에 비추어 올바른 방향을 잡아 주고, 방향이 흐트러지지 않도록 끝까지 주의해야 합니다.

▶▶▶ 인도자는 이사야 말씀에 근거하여 소그룹 리더의 표상이신 예수 그리스도의 모습에 대해 전합니다.

1) 하나님을 의지하는 자 – "내가 붙드는 나의 종"(이사야 42:1)

2) 하나님께 인정받은 자 – "내 마음에 기뻐하는 나의 택한 사람"(이사야 42:1)

3) 하나님의 성령을 받은 자 – "내가 나의 영을 그에게 주었은즉"(이사야 42:1)

4) 하나님 앞에 겸손한 자 – "그는 외치지 아니하며 목소리를 높이지 아니하며 그 소리를 거리에 들리게 하지 아니하며"(이사야 42:2)

5) 하나님의 사랑이 있는 자 – "상한 갈대를 꺾지 아니하며 꺼져가는 등불을 끄지 아니하고 진실로 정의를 시행할 것이며"(이사야 42:3)

6) 하나님의 소망이 있는 자 – "그는 쇠하지 아니하며 낙담하지 아니하고 세상에 정의를 세우기에 이르리니 섬들이 그 교훈을 앙망하리라"(이사야 42:4)

2. 소그룹 리더의 자질

가. 신앙이 성숙한 자

리더는 자신이 양 무리의 주인이 아니라 양 무리를 맡은 자임을 분명히 해야 합니다. 구성원이 늘 하나님의 것임을 인정하면서 자기 뜻이 아닌 하나님의 뜻대로 나갈 수 있게 도와야 합니다. 이를 위해 필요한 것이 기도입니다. 리더는 기도를 통해 늘 하나님과 가까이하고 그 가운데서 하나님의 뜻을 깨달아야 합니다. 그리고 자신이 먼저 하나님의 뜻에 순종함으로써 성숙한 모습을 보여 주어야 합니다.

맡은 자들에게 주장하는 자세를 하지 말고
양 무리의 본이 되라 베드로전서 5:3

또한 리더는 말씀을 통해서 성장해야 합니다. 성경을 연구하여 예수님을 깊이 만나고 그 말씀 가운데서 인격적인 변화와 사역의 변화가 일어나야 합니다.

▶▶▶ 양 무리는 하나님의 것이고, 직임을 받는 자(리더)는 하나님의 은혜로 맡겨진 것이기 때문에 리더들은 지배하거나 다스리는 자세로 양 무리를 치는 것이 아니라 겸손한 마음과 신성한 모습으로 모범을 보여서 양을 양육하고 돌보아야 합니다.

▶▶▶ 또한 리더는 영성 훈련을 통해 성령충만해야 합니다. 영성이란 예수 그리스도를 가까이 만나는 것입니다. 그분을 온전히 만나기 위해서는 내적 상처와 아픔들을 치유해야 합니다. 상처와 아픔이 있으면 하나님이 사랑의 하나님, 정의의 하나님으로 마음에 와 닿지 않을 수 있습니다. 그러므로 리더는 이 부분을 먼저 해결해야 하고 하나님과 깊은 친밀감 가운데서 영적인 충만함을 겸비해야 합니다.

나. 사랑을 베푸는 자

소그룹 리더는 프로그램이나 조직보다 사람을 더 귀하게 여겨야 합니다. 간혹 목적 달성의 과정에서 구성원의 일부가 상처받는 경우가 있는데, 리더는 이런 문제가 발생하지 않도록 소그룹을 이끌어야 합니다.

이를 위해서는 리더가 먼저 사랑을 베푸는 마음으로 다가가야 합니다. 특히 리더는 대상을 선택해서 사랑하면 안 됩니다. 능력이나 조건 여부를 떠나 구성원 모두를 사랑해야 합니다. 그리할 때 가장 큰 사랑으로 우리를 살리신 예수님의 능력을 덧입고 소그룹을 더욱 따뜻하게 품을 수 있습니다. 누구 하나라도 소외되지 않는 소그룹을 만들어 나갈 수 있습니다.

> 사랑은 이웃에게 악을 행하지 아니하나니
> 그러므로 사랑은 율법의 완성이니라 로마서 13:10

▶▶▶ 이 말씀은 하나님의 주체적인 행동으로 구성된 지체들이 상호 대립 관계가 아니라 상호 협력 관계여야 함을 보여 줍니다. 그리고 그런 관계 가운데서 사랑을 나누어야 합니다. 사랑을 나눌 때에는 대상을 선택해서 사랑하는 것이 아니라 누구든 사랑할 수 있어야 합니다. 만약 사랑할 수 있는 능력이 부족하다고 할지라도 염려할 필요없습니다. 하나님에 대한 사랑이 있으면 새로운 능력을 덧입을 수 있기 때문입니다. 사랑의 능력은 우리 자신에게서 나오는 것이 아니라 우리를 향한 예수 그리스도의 사랑으로부터 나오는 것입니다.

▶▶▶ 리더십의 핵심은 다른 사람에 대한 진정한 관심과 배려입니다. 혼자서는 최고의 성과를 낼 수 없습니다. 다른 사람의 도움이나 격려, 또는 믿음 없이 뛰어난 성과를 내는 것은 불가능합니다. 최고의 리더는 구성원들에 대해서 사랑을 표현하고 따뜻함과 애정을 보여 줍니다. 인도자는 리더가 먼저 고마움을 표현하고 인정하며 칭찬하고 긍정적인 피드백을 주는 것부터 실천해야 한다고 전합니다. 그리하면 사랑으로 하나되는 공동체, 서로가 서로를 돌볼 수 있는 공동체가 실현될 것입니다. 지체 간의 사랑을 통해 서로 같이하여 돌아볼 수 있게 됩니다.

다. 겸손히 배우는 자

훌륭한 리더는 자기가 모르는 것이 무엇이며, 자기가 어떤 능력을 더 갖추어야 하는지 잘 압니다. 그리고 그것들을 얻기 위해 더 많은 노력을 합니다.

이를 위해 먼저 갖추어야 할 것은 겸손입니다. 겸손이 바탕이 되지 않으면 배우려고 하지 않습니다. 배운다고 할지라도 자신의 지식을 자랑하고 자신의 능력을 키우려는 목적으로 배우게 됩니다. 그리고 무엇보다 지식의 근본이신 하나님께로부터 명철과 지혜를 얻고자 해야 합니다. 하나님 앞에 먼저 겸손함으로 엎드릴 때, 하나님께서는 공동체를 바로 이끌 능력을 주십니다.

> 내가 주의 계명들을 믿었사오니
> 좋은 명철과 지식을 내게 가르치소서 시편 119:66

▶▶▶ 여기에서 '명철'은 분별력이나 이해력을 뜻하며, 어떤 사물의 도덕적 가치를 판단하는 문제입니다. 곧 옳고 그름이나 지혜롭거나 어리석음이 무엇인지를 결정하는 문제에 있어서도 이 용어가 적용됩니다. 또한 '지식'은 사람이나 사물뿐만 아니라 그것들 사이에 얽히고 설킨 특별한 관계에 대해서 정통(精通)하는 것을 말합니다. 이러한 명철과 지식은 리더가 소그룹을 인도할 때 꼭 필요한 것입니다.

라. 의사소통을 잘하는 자

리더는 자신의 의견을 명료하고 정확하게 전달할 수 있어야 합니다. 그리고 자신의 뜻만 분명하게 전하려고 할 것이 아니라 구성원도 스스럼 없이 말할 수 있도록 분위기를 만들어 주어야 합니다. 자기의 주장과 고집만을 내세우는 사람은 논쟁에 빠지기 쉽고 하나님께서 말씀하시는 바를 온전히 깨닫지 못하게 됩니다.

> 무릇 더러운 말은 너희 입 밖에도 내지 말고
> 오직 덕을 세우는 데 소용되는 대로 선한 말을 하여
> 듣는 자들에게 은혜를 끼치게 하라 에베소서 4:29

또한 리더는 구성원들의 말을 들어 주어야 합니다. 사소한 말이라도 성의를 다해 잘 들어 주는 태도를 가져야 합니다.

▶▶▶ **성급하게 자기의 의견만을 주장하거나 자기의 고집만을 내세우지 말아야 합니다. 또한 말을 하기 전에 먼저 겸손히 진리를 받아들이는 태도를 갖추어야 합니다. 인도자는 이런 모습이 단지 리더뿐만이 아니라, 소그룹 구성원들 모두 명심해야 할 사항임을 알려 줍니다.**

▶▶▶ **인도자는 말은 곧 인격의 표현이기 때문에 말하는 것을 잘 들어 주는 태도는 곧 그의 인격을 존중해 주는 효과를 나타낸다고 전합니다.**

마. 권한을 위임하는 자

리더가 혼자서 일을 하려고 할 때에는 많은 일을 할 수 없습니다. 능력을 갖춘 지도자들을 선별하고 훈련하여 적절하게 배치해야 합니다. 리더가 권한을 위임할 때 새로운 리더가 개발되며 소그룹을 발전시켜 나갈 수 있습니다.

성경에는 이런 모습을 보여 주는 리더들이 등장합니다. 모세는 하

나님께로부터 받은 권한을 다른 사람들과 나누었습니다.

> 이에 모세가 자기 장인의 말을 듣고 그 모든 말대로 하여
> 모세가 이스라엘 무리 중에서 능력 있는 사람들을 택하여
> 그들을 백성의 우두머리 곧 천부장과 백부장과 오십부장과
> 십부장을 삼으매 그들이 때를 따라 백성을 재판하되
> 어려운 일은 모세에게 가져오고 모든 작은 일은
> 스스로 재판하더라 출애굽기 18:24-26

또한 바울은 디모데를 양육할 때 양육받는 것에만 그칠 것이 아니라 '또 다른 사람들을 가르치라' 고 권면했습니다.

> 또 네가 많은 증인 앞에서 내게 들은 바를 충성된 사람들에게 부탁하라
> 그들이 또 다른 사람들을 가르칠 수 있으리라 디모데후서 2:2

▶▶▶ 리더의 진정한 성취는 구성원의 적극적인 참여와 지원이 없이는 결코 얻을 수 없습니다. **리더십은 대화이지 독백이 아닙니다. 이런 사실을 기억하면서 리더는 상호 존중과 배려에 기초한 인간관계를 구축해야 합니다. 진정한 리더는 소그룹의 열매를 풍성히 하기 위해 구성원의 자율성을 존중해 주고 자신감을 높여 주어야 합니다. 또한 구성원들에게 지시하고 통제하기보다 그들을 위해 봉사하고 도움을 줍니다.**

더불어 나눔

1. 오늘 배운 리더의 자질 중, 내가 잘하는 부분과 그렇지 못한 부분을 한 가지씩 이야기해 봅시다. 그리고 잘 하는 부분은 어떻게 유지하고, 그렇지 못한 부분은 어떻게 개선해 나갈지 나누어 봅시다.

▶▶▶ 구성원들의 답이 각기 다르게 나올 것입니다. 그러므로 인도자는 그 가운데 서로 조언을 해줄 수 있게 진행합니다.

2. 현재 내가 리더의 위치에 있다면 그 역할을 잘 감당할 수 있도록, 구성원이라면 나의 리더가 그 역할을 잘 감당할 수 있도록 기도하는 시간을 가져 봅시다.

▶▶▶ 소그룹 리더는 하나님이 세우셨다는 생각을 가지고 그 역할을 감당해야 합니다. 그만큼 많은 기도가 필요합니다. 인도자는 이 자리에서뿐만 아니라 평소에도 리더를 위한 기도를 많이 해야 한다고 전합니다.

마음 밭에 심기

주제 말씀 암송

내가 주의 계명들을 믿었사오니 좋은 명철과 지식을 내게 가르치소서 시편 119:66

▶▶▶ 이 성구를 통해 소그룹 리더는 하나님께로부터 오는 지혜를 구하고 그것에 의지하여 공동체를 이끌어 가야 함을 알 수 있습니다.

마음에 새기기

▶▶▶ 인도자는 마음에 새기기를 통해 이 과에서 배운 내용을 점검하고 중요 내용을 숙지할 수 있어야 한다고 말합니다. 읽을 때에는, 스스로 읽고 복습하는 것도 좋지만 서로 짚어 주는 것이 더 효과적일 수 있습니다. 그러므로 소그룹별로 읽어 볼 수 있도록 유도합니다. 또한 인도자는 한 주에 한 번 이상 이 내용을 각자 체크할 수 있도록 권면합니다.

소그룹의 리더가 기본적으로 감당해야 할 역할이 있습니다

1. 리더가 제시한 비전에 따라 소그룹의 미래의 모습이 결정되므로 소그룹이 하나님께 쓰임 받는 도구로 성장해 나갈 그림을 그리고 그 청사진을 제시해야 합니다.
2. 리더는 소그룹을 성장시키기 위해 구성원에게 본이 되며, 잘못된 것을 바로잡아야 합니다.
3. 리더는 동기를 부여해 주고 구성원의 자질과 능력을 개발시켜 줌으로써 목적을 실현해야 합니다.
4. 리더는 새로운 생각과 자료 및 의견을 제공하고, 조정, 완성, 방향을 제시해야 합니다.

소그룹 리더는 리더의 자질을 갖추도록 노력해야 합니다

1. 리더는 말씀과 기도를 통해 하나님의 뜻을 깨닫고 따르며 구성원들에게 먼저 영적으로 성숙된 모습을 보여 주어야 합니다.
2. 리더는 모든 구성원을 사랑하고 품을 수 있어야 합니다.
3. 리더는 겸손한 자세로 모르는 부분과 필요한 부분을 계속 배워 나가야 합니다.
4. 리더는 자신의 의견을 명확하게 전달해야 하며, 구성원의 의견도 잘 들을 줄 알아야 합니다.
5. 리더는 필요 시에 권한을 위임할 수 있어야 합니다.

▶▶▶ 인도자는 이 과를 정리하며 마무리합니다. 우리는 이 과를 통해 소그룹 리더가 필수적으로 알아야 할 덕목들에 대해서 배웠습니다. 현재 리더로서 헌신하고 있는 구성원이든, 앞으로 리더로서 헌신하게 될 구성원이든 모두 배운 내용을 잘 적용할 수 있도록 결단하면서 이 시간을 마칩니다.
다음 과에서는 소그룹 모임을 인도할 때 필요한 사항들에 대해 다루게 될 것입니다.

Tip 쉬미트의 다섯 가지 지도력 형태

지도력 연구가인 워렌 쉬미트 박사(Dr. Warren Schmidt)는 다섯 가지 기본적인 지도력의 형태를 설정하고 다음과 같은 표(쉬미트 도표)를 만들었습니다.

쉬미트 도표

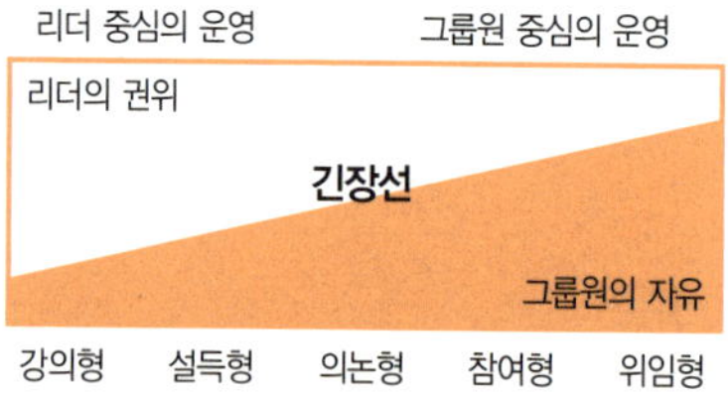

1) 강의형(telling)

리더가 모든 권위를 장악하고 그룹에게는 극소수의 자유만을 부여하는 단계입니다. 일반적으로 강의자와 회중의 관계가 이 단계에 해당하며, 대화와 소통의 단절이 생길 수 있기 때문에 주의해야 합니다.

2) 설득형(persuading)

리더가 설득형 단계에 이르면 자신이 생각한 해결책을 구성원들에게 단지 말하는 것이 아니라 설득하는 방식을 택하게 됩니다.

3) 의논형(consulting)

리더는 그룹에게 더 많은 자유를 부여하게 됩니다. 리더는 처음부터 구성원들과 함께 의논합니다. 문제를 제시하고 그들에게서 해결책을 구합니다. 또한 문제에 대한 해결책을 제시한 후 그에 대한 평가를 구합니다. 의논 후에는 구성원들의 지혜에 기초한 최종 결정을 내립니다.

4) 참여형(joining)

문제에 직면했을 때 리더는 그룹의 결정을 받아들이기로 동의합니다. 리더는 그룹의 한 구성원으로 참여하여 결정에 동참하지만 그룹의 결정을 넘어서는 최종 결정을 내리지는 않습니다.

5) 위임형(delegating)

이 단계에서 인도자는 문제를 완전히 그룹에 넘겨 주어 리더 없이 그들 스스로 문제를 해결하도록 합니다. 리더는 문제를 완전히 위임했고 결정에 어떠한 영향도 줄 수 없습니다. 이런 형태에서는 그룹의 자유는 거의 완전하며 리더의 권위는 거의 소멸의 단계로 축소됩니다. 리더가 준비되지 못한 경우 그룹은 위임형 단계로 흘러갈 수 있으며, 이는 그룹 운영에 악영향을 끼치게 됩니다.

제5과

소그룹 인도법

오늘 우리는...

- 이 과를 통해, 소그룹 모임을 인도하는 방법과 주의 사항을 알게 됩니다.
- 이 과를 통해, 소그룹의 올바른 소통을 위해 필요한 사항들을 알게 됩니다.

▶▶▶ 이 과에서는 크게 소그룹을 인도할 때 점검해야 할 사항과 소그룹 내의 소통을 위해 필요한 부분들을 다루게 됩니다. 소그룹을 인도하는 것과 서로 소통하는 것은 긴밀한 관계가 있음을 생각하면서 이 과를 시작하도록 합니다.

마음 문 열기

캐더린 짐러의 '발자국'이라는 유명한 글이 있습니다.

어느 날 나는 꿈을 꾸었습니다. 꿈속에서 나는 주님과 함께 바닷가를 거닐고 있었습니다. 하늘 위로는 내 인생의 여러 순간이 마치 영화의 한 장면처럼 지나가고 있었습니다. 나는 장면마다 두 사람의 발자국이 모래 위에 새겨져 있는 것을 발견하였습니다. 그중 하나는 나의 것이었고 다른 하나는 주님의 것이었습니다. 내 인생의 마지막 장면이 사라지려는 순간, 나는 모래 위에 남겨진 발자국을 뒤돌아보았습니다. 내 인생의 행로에서 여러 번 오직 한 사람의 발자국만 남겨져 있음을 발견하였습니다. 그리고 그런 일이 내가 매우 슬프고 괴로웠을 때 일어났다는 것을 알았습니다. 이러한 사실로 인하여 너무나 괴로워서 나는 주님께 물어보았습니다.

"주님! 주님께서는 '내가 너와 함께하리니 너는 항상 나를 따를지어다' 라고 말씀하셨잖아요. 그런데 제 인생의 가장 어려웠던 시절을 돌이켜보니 오직 저의 발자국만 남겨져 있더군요. 어느 때보다도 주님이 필요했던 바로 그때 어찌하여 주님은 저의 곁을 떠나셨는지 저는 정말로 이해할 수 없어요."

그러자 주님께서 대답하셨습니다. "사랑하는 나의 아들아! 나는 너를 누구보다 사랑한단다. 네가 시련과 고통을 당하고 있었을 때 나는 한 번도 네 곁을 떠난 적이 없었단다. 네가 한 사람의 발자국밖에 볼 수 없었던 때는 내가 너를 안고 가던 때였단다."

▶▶▶ **이 예화를 통해 구성원과 함께하는 리더의 모습을 배울 수 있습니다. 비록 예수님처럼 하지는 못할지라도, 예수님을 닮은 리더가 될 수 있도록 기도하고 노력한다면 많은 이에게 감동을 주는 리더가 될 수 있을 것입니다. 그리고 구성원과 리더 모두 승리하는 소그룹을 인도해 나갈 수 있을 것입니다.**

여기서 잠깐

우리와 늘 함께하시는 예수님의 마음으로 소그룹을 인도하려면 어떻게 해야 할까요?

▶▶▶ 예수님의 마음은 한마디로 '사랑'입니다. 사랑 하나면 능력이나 기술이 어떠하든 구성원들을 가장 잘 이끌 수 있습니다. 그러므로 인도자는 소그룹을 사랑의 마음으로 먼저 품어야 한다고 전합니다. 물론 처음부터는 쉽지 않을 수 있습니다. 그러나 그러한 마음으로 다가가고자 노력한다면 그 자체만으로도 이미 사랑이 시작된 것입니다.

배움과 익힘

▶▶▶ 들어가기 전에 인도자는 오늘 배우게 되는 내용을 이론 공부하듯이 배울 것이 아니라, 실제 상황을 떠올려 보면서 공부하자고 전합니다. 내가 속한 소그룹과 그 소그룹에 소속된 구성원들을 떠올리면서 익힌다면, 좀 더 쉽게 적용점을 찾게 될 것입니다.

1. 소그룹 모임을 인도하는 방법

가. 들어 주기

소그룹을 인도할 때 필요한 가장 기본적인 기술은 '잘 들어 주는 것'입니다. 리더, 즉 인도자는 상대방이 말하는 내용뿐만 아니라 그것이 무엇을 의미하는지, 어떻게 느끼는지를 함께 이해하면서 들어야 합니다. 잘 들어 주는 것은 편안한 분위기를 조성하며 소그룹 내의 개인적인 관계들을 향상시킵니다.

▶▶▶ 어떤 사람들은 언뜻 보기에 듣고 있는 것처럼 보이지만 실제로는 그렇지 않은 경우가 있습니다. 반대로 안 듣는 것 같으면서도 듣는 사람들이 있습니다. 인도자는 이러한 두 가지 모습이 다 좋은 태도는 아님을 전합니다. 들어 줄 때는 실제로도 귀를 기울여 들어야 하고, 드러나는 모습을 통해서도 경청하고 있다는 것을 보여 주어야 합니다. 그리할 때 말하는 사람은 편안한 마음으로 이야기할 수 있습니다.

▶▶▶ 인도자는 참고로 효과적으로 듣기 위한 지침을 알려 줍니다.

1) 눈을 보면서 듣습니다. 그렇다고 뚫어지게 쳐다보지는 않습니다.

2) 상대방의 현재 상황에 관심을 보여 주고 가끔씩 문제를 분명히 하는 질문들을 합니다.

3) 말로 표현하지 않은 의중을 읽습니다. 종종 이런 것들은 말로 하는 것보다 더 많은 것을 전달할 수 있습니다.

4) 말 뒤에 담긴 느낌들에 귀를 기울입니다.

5) 딴 생각하지 말고 집중합니다. 말하는 사람의 궤도를 이탈하지 않습니다.

6) 반응을 보이면서 듣습니다. 고개를 끄덕이는 것, 의견을 한마디 덧붙이는 것 등 말하는 사람이 당신이 듣고 있다는 것을 느낄 수 있도록 반응을 보입니다. 무표정은 피합니다.

나. 관찰하기

리더는 모임을 진행하는 동안 구성원 개개인에게 관심을 전해야 합니다. 이를 위해 가장 좋은 방법은 '관찰하는 것' 입니다. 가령, 구성원 중에 표정이 어두운 사람이 있는지 살펴보고 먼저 다가가 위로해 줄 수 있어야 합니다. 또한 구성원 간에 서로 원만하고 친밀한 관계가 이루어지고 있는지 살펴야 합니다. 서로 갈등 상황에 있는 구성원이 있으면 관계 회복을 위해 지혜롭게 돕고 중보해 주어야 합니다.

▶▶▶ 일반적으로 사람들과 친해지거나 어울릴 때, 나와 잘 맞고 호감이 가는 사람을 택하여 관계를 형성하게 됩니다. 그리고 그런 사람에게만 관심을 갖게 됩니다. 그런데 리더는 사람을 가려서는 안 됩니다. 모든 사람에게 관심을 쏟아야 하고, 어려운 점은 없는지 관찰해야 합니다.

다. 정리하기

소그룹 모임은 의사소통이 원활하게 이루어져야 합니다. 그러므로 리더가 중간에서 소통을 위해 정리해 줄 필요가 있습니다. 어느 한 사람이 말한 것과 구성원이 이해한 것 사이에 차이가 있을 경우, 리더는 그 말을 다시 언급하면서 이해하기 쉽게 정리해 주어야 합니다. 또한 서로 의견 차이가 생겼을 때에는 불화로 번지지 않도록 중간에서 조율해 줄 필요가 있습니다.

▶▶▶ 소그룹 내에는 다양한 사람이 존재합니다. 나는 이해가 되는 내용을 또다른 누군가는 이해하지 못할 수 있습니다. 그러므로 리더는 한 번 말한 사실이 그대로 전달된다고 믿기보다는 반복하여 말해서 사람들이 정확히 이해할 수 있도록 도와야 합니다. 적절하게 자신이 한 말을 요약해서 설명한다든지 반복해서 상기시켜 줄 때 구성원들은 리더의 의도를 잘 파악하고 모임에 적극적으로 참여할 수 있을 것입니다.

라. 본이 되기

리더의 말보다 행동이 구성원에게 더 큰 영향력을 끼친다는 사실을 알아야 합니다. 그러므로 자신이 한 말에는 책임을 질 줄 알고, 구성원에게 권면한 내용은 자신이 먼저 지키려고 노력해야 합니다. 특히 리더는 진실한 사람이 되어야 합니다. 겉과 속이 다르지 않도록 주의하고 무엇이든 진심으로 해야 합니다. 구성원은 리더의 행동을 보고 판단하여 신뢰하고 따르게 됩니다.

▶▶▶ 인도자는 요한복음 13장 15절에 기록된 예수님의 말씀을 한번 읽어 줍니다.
"내가 너희에게 행한 것 같이 너희도 행하게 하려 하여 본을 보였노라"

마. 집중하기

소그룹은 특별하고 의미 있는 목적을 가질 때 활발해집니다. 리더는 언제나 소그룹의 목적을 인식해야 하며, 그것을 향해 움직여야 합니다. 그리고 구성원도 그 목적에 집중할 수 있도록 늘 상기시켜 주어야 합니다.

▶▶▶ 리더가 소그룹이 가지고 있는 목적에 집중할 때 소그룹의 힘은 분산되지 않고 큰 힘을 낼 수 있습니다. 간단한 목적 진술문을 만들어서 구성원들로 하여금 암기하게 하는 것도 좋은 방법입니다.

2. 소그룹 모임 인도 시 주의할 점

가. 모임을 미리 계획하기

리더는 인도하기 전에 미리 계획을 하고, 모임에 필요한 모든 것들을 세심히 점검해야 합니다. 그 자리에서 생각난 것을 즉흥적으로 말하거나 질문을 던지는 일은 피해야 합니다. 상황을 제대로 살피지 못하고 급하게 만든 질문이나 생각은 대개 핵심에서 벗어나거나 명료하지 않을 수 있기 때문입니다.

나. 서두름 없이 천천히 시작하기

리더는 일반적이며 공격적이지 않은 질문부터 시작하여 개인적인 질문으로 발전시키면서 인도해야 합니다. 간혹 리더가 범하는 실수 중 하나는 단계를 갑자기 뛰어넘어 구성원으로 하여금 당황스러움을 느끼게 하는 것입니다. 구성원이 편안하게 공동체에 참여할 수 있도록 리더는 세심한 주의를 기울여야 합니다.

다. 침묵 상황을 매끄럽게 이어 가기

리더의 질문에 바로 대답이 나오지 않아 침묵이 생기는 경우가 있습니다. 이때 리더는 안절부절하거나 당황하지 말고 구성원에게 생각할 시간을 더 주어야 합니다. 만약 구성원이 당황하는 빛이 보이면 질문을 알기 쉬운 말로 다시 풀어 주거나, 좀 더 정확하게 말해

주어야 합니다.

라. 지시하는 태도를 지양하기

리더는 소그룹을 이끄는 역할을 하지만, 그렇다고 해서 다른 구성원보다 높은 위치에 있는 것은 아닙니다. 그러므로 지시적인 분위기를 자아내거나 명령하는 어투로 말하는 것을 지양해야 합니다. 섬기는 자세로 구성원을 대해야 하며 말 한 마디도 예의를 갖추어서 해야 합니다.

▶▶▶ **인도자는 주의할 점들을 당장은 적용하기 힘들 수 있다고 전합니다. 이것은 실전에서 꾸준히 연습하고 훈련해야 하는 부분이기 때문입니다. 그러므로 당장은 어렵더라도 이 네 가지를 기억하면서 꾸준히 실천해 나간다면, 언젠가는 자연스러워질 것이라고 격려해 줍니다.**

3. 소그룹의 소통

커뮤니케이션(communication), 즉 소통은 대화이고 교제이며 나눔입니다. 교제를 통한 대화와 나눔은 하나님으로부터 시작되었습니다. 삼위일체 하나님께서는 대화하시고 교제하시며 나누시는 '소통'의 하나님입니다.

소그룹은 하나님 안에서 바른 소통이 이루어져야 합니다. 그러므로 리더는 교통의 영이신 성령의 도우심을 구하면서 다음과 같은 사항을 익혀야 합니다.

주 예수 그리스도의 은혜와 하나님의 사랑과 성령의 교통하심이
너희 무리와 함께 있을지어다 고린도후서 13:13

가. 효과적인 의사소통을 위한 네 가지 요소(4S)

1) 자원(Source)

말에 담긴 내용이 올바르고 유익해야 합니다. 교회 소그룹 내에서는 특히 하나님의 뜻에 합당한 주장과 의견을 말할 수 있도록 주의해야 합니다. 이를 위해서는 말하기 전에 기도로 준비하고 평소에 말씀과 가까이하는 것이 필요합니다.

▶▶▶ **리더가 감동을 전하려면 먼저 하나님으로부터 말씀을 공급받아야 합니다. 그러므로 리더는 강의나 인도 및 상담을 하기 전에 먼저 하나님이 소그룹에게 주기 원하시는 메시지를 얻기 위해 필사적으로 노력해야 합니다. 정기적으로 자신만의 골방에서 하나님을 만나고, 하나님께 기도하고, 말씀을 묵상하고, 여러 양서들을 읽어 계속해서 영적, 정신적으로 건강한 상태를 유지해야 합니다.**

2) 전달 방식(System)

의사소통의 전달 방식이 효과적이어야 합니다. 소그룹 리더는 발성이 좋도록 노력해야 합니다. 음성, 발음, 공명, 속도, 제스처 등이 인상적이며 효과적이어야 합니다. 아무리 전달하는 메시지의 내용이 좋더라도 그 내용을 담은 형식이 약하면 메시지 전달의 효과도 약해집니다.

▶▶▶ **청중은 말하는 사람의 메시지 중 약 7%만 말을 통해 받아들이고, 38%는 그의 음량, 말의 템포 등에서 영향을 받으며, 반 이상의 55%를 그의 태도, 손짓, 제스처, 열성을 통해 받아들인다고 합니다. 그러므로 리더는 화자 혹은 스피커로서 발성법이 좋아야 할뿐더러, 표정, 어조, 자세나 동작 등의 비언어적인 요소를 표현하는 법에도 관심을 가져야 합니다.**

3) 배려(Service)

의사소통의 대상에 대한 배려가 있어야 합니다. 청중의 감정을 고려하고 청중의 필요에 민감하게 반응하는 것입니다. 이른바 '듣는 사람 중심'의 의사소통이 이루어져야 합니다.

▶▶▶ **리더는 어떤 상황에서든 구성원의 말에 대해 진지한 자세로 경청하고, 구성원들에게 말할 기회를 골고루 주는 배려를 해야 합니다.**

4) 성공 여부(Success)

의사소통의 결과에 대해서 그 성공 여부를 확인해야 합니다. 이른바 피드백을 알아보아야 합니다. 청중은 말은 하지 않지만 얼굴 표정이나 몸짓으로 반응을 나타냅니다. 소통은 반드시 성공으로 끝나야 합니다.

▶▶▶ **소통의 목적은 성공이지 실패가 아닙니다. 성공적인 소통을 위해서 핫 커뮤니케이션(HOT communication) 원리 즉, 솔직하게(Honest), 허심탄회하게(Open), 그리고 투명하게(Transparent) 말하는 것이 필요합니다.**

▶▶▶ **소그룹에서 이루어지는 언어적 의사소통과 비언어적 의사소통을 통해서 성공 여부를 확인할 수 있습니다. 특히 구성원의 비언어적 요소들을 잘 파악해야 합니다. 왜냐하면 구성원들이 말은 하지 않아도 비언어적 요소로 반응이 나타나기 때문입니다.**

나. 리더의 소통 기술

리더는 반드시 소통의 기술을 익혀야 합니다. 어떤 것을 알고 있는 것과 그것을 전달하여 옮기는 것은 별개의 문제입니다. 말하는 것도 하나의 기술입니다.

1) 먼저 듣기

먼저 들으려고 귀 기울이는 모습은 사람들에 대한 관심과 사랑을 표현하는 수단입니다. 리더의 이러한 태도는 참여하는 구성원이 보다 적극적으로 의견을 말하고 참여할 수 있는 분위기를 만듭니다.

▶▶▶ 리더는 진지한 자세로 들을 줄 알아야 합니다. 감사하다는 표현을 한다든지, 들으면서 고개를 끄덕여 준다든지, 아니면 리더가 자신의 언어로 다시 한 번 정리해 준다든지 하는 것은 말하는 구성원들에게 격려가 됩니다. 특히 구성원들이 말한 내용을 리더가 한 번 요약을 해주면 리더가 자신의 말을 잘 듣고 있다는 감정을 가지게 될 뿐만 아니라 다른 그룹 구성원들의 이해를 도울 수 있습니다.

2) 정보와 의견을 구하기

내 주장은 잠시 접어 두고 구성원의 주장에 관심을 가져야 합니다. 내가 먼저 내 주장을 강하게 말하면 상대방의 마음 문이 닫힙니다.

▶▶▶ 효과적인 소통을 하기 위해서는 사람들의 이야기를 자연스럽게 유도해 낼 수 있는 적절한 질문을 하는 것이 좋습니다. 좋은 질문 중 대표적인 것으로는 '열린 질문(open-ended question)'이 있습니다. 열린 질문은 여러 종류의 대답이 가능한 질문입니다. "네/아니오"로 간단히 대답할 수 있는 질문은 열린 질문이 아닙니다. 그리고 사실을 묻는 질문보다는 감정을 묻는 질문이 효과적입니다. 즉 사람의 머리보다는 가슴에 전달되는 질문을 던져야 하는 것입니다. 그러므로 리더는 무엇을 묻는지 명확하면서도 사람의 다양한 감정을 나눌 수 있는 질문을 할 필요가 있습니다.

3) 확장하되 흐름을 잃지 않기

대화나 토론을 할 때 이야기가 특정 분야로 국한되면 그 분야와 관련이 없거나 배경지식이 없는 구성원은 소외되기 쉽습니다. 그러므로 모든 구성원이 대화에 참여할 수 있도록 다양한 화제를 활용해야 합니다. 예를 들 때에도 다양한 분야를 활용하는 것이 좋습니다. 단, 궁극적인 주제에서 벗어나서는 안 되며, 토론이나 대화의 흐름이 산만해지지 않도록 주의해야 합니다.

▶▶▶ 리더는 한 사람이 토론을 독점하지 않도록 적절히 제지할 수 있어야 합니다. 생각을 나눌 때는 여러 사람이 함께 참여해야 한다는 것을 자주 상기시키고 소그룹 전체에게 질문하는 방식으로 운영해야 합니다.

4) 솔직하기

건강한 의사소통을 원한다면 리더가 먼저 솔직해져야 합니다. 가령, 인도하는 중에 긴장이 되거나 잘 모르는 부분이 있다면 솔직히 인정하는 것이 좋습니다. 특히 모르는 부분이 있을 때 다른 구성원에게 도움을 구하면 그 구성원의 사기를 높여 주는 기회가 될 수 있습니다. 이 밖에도 리더가 부족한 부분이 있을 때 솔직하게 표현한다면 오히려 구성원으로부터 신뢰를 얻을 수 있습니다.

▶▶▶ **리더는 간단 명료한 말로 자신의 생각을 솔직히 표현해야 합니다. 간혹, 리더의 인간적인 모습이나 부족한 점들이 소그룹 구성원의 마음을 여는데 도움이 될 수도 있습니다.**

5) 요약하고 명확히 하기

긴 이야기를 한 후에는 내용을 요약해 주고, 강조해야 할 부분을 한 번 더 짚어 주는 것이 좋습니다. 또한 추상적인 표현 대신 명료하고 구체적인 표현을 사용해야 합니다. 의논을 할 때에는 결정이 된 부분과 그렇지 않은 부분을 명확히 구분해 줌으로써 의논이 효과적으로 진행될 수 있게 해야 합니다.

▶▶▶ **리더는 소그룹 안에서 논의한 내용의 주된 내용을 모아서 구체적으로 요약하며 진행해 나가야 합니다. 이를 통해 소그룹 구성원들은 '지금 소그룹이 어떤 과업을 수행하고 있으며 어떤 목표를 달성하는 과정에 있는지'를 더 자세히 이해할 수 있습니다.**

6) 실제화하기

듣는 사람에게 필요한 토론이 되도록 해야 합니다. 듣는 사람은 항상 "이것을 왜 들어야 하는가? 내게 무슨 유익이 있지?"라는 질문을 하기 때문입니다. 그러므로 필요할 때에는 이야기를 하는 목적과 이유가 무엇인지 밝혀 주는 것이 좋습니다.

▶▶▶ 리더는 각 구성원들이 그룹의 목표나 활동 과정을 잘 이해하고 있는지를 항상 점검해야 합니다. 소그룹 내에서 이루어지고 있는 여러 대화가 소그룹의 목적과 어떤 관계가 있는지를 항상 언급해 주는 지혜가 필요합니다. 그리고 재치있게 소그룹의 구성원들이 오해하고 있는 점들을 확인하여 삶 속에 적용할 수 있도록 합니다.

7) 다른 사람을 세워 주기

의견을 나눌 때에는 적극적인 사람과 소극적인 사람이 모두 참여할 수 있도록 골고루 기회를 주어야 합니다. 또한 그들이 나눔 시간에 상처받지 않도록 긍정적인 말로 격려해야 합니다.

▶▶▶ 리더는 각 사람의 장점을 이끌어 내고 긍정적인 말로 사람들을 인정해 줌으로써 그들이 포용되고 있다는 느낌을 받게 해주어야 합니다. 또한 그들을 모임의 자리에 이끌어 내어 견해를 묻고 상호 신뢰의 기초가 세워지게 해야 합니다.

다. 경청의 방해물

리더뿐 아니라 소그룹의 모든 구성원은 경청할 때 다음과 같은 실수를 하지 않도록 주의해야 합니다.

1) 추정

이미 모든 것을 알고 있다고 생각하는 태도를 버려야 합니다. 이미 알고 있다고 가정해 버리면 말하는 사람에게 집중하지 못하고 스스로 다른 생각에 빠지게 되므로 자연히 모임에 동화되기 어렵습니다.

> 사연을 듣기 전에 대답하는 자는
> 미련하여 욕을 당하느니라 잠언 18:13

2) 성급함

상대방의 말을 끝까지 듣지 않고 바로 결론을 제시하지 말아야 합니다. 이러한 태도는 말하는 사람에게 불쾌함을 주며 공동체의 분위기를 흐리게 할 수 있습니다.

> 네가 말이 조급한 사람을 보느냐
> 그보다 미련한 자에게 오히려 희망이 있느니라 잠언 29:20

3) 자만

방어적인 태도나 배우려 하지 않는 태도를 버려야 합니다. 겸손한 마음으로 모든 사람의 의견에 배울 것이 있다고 생각하며 들어야 합니다.

> 미련한 자는 자기 행위를 바른 줄로 여기나
> 지혜로운 자는 권고를 듣느니라 잠언 12:15

더불어 나눔

1. 소그룹 내에서 나의 어투가 어떤지 돌아보고 서로 점검해 주는 시간을 가져 봅시다.

▶▶▶ 인도자는 당장 생각나는 대로 나눌 수도 있고, 나중에 녹음하는 방법도 있음을 알려 줍니다. 소그룹 모임에서 내가 어떻게 말하는지 녹음을 하고 들어 보면 좀 더 객관적으로 평가하고 반성해 볼 수 있기 때문입니다. 다음에 녹음할 상황이 되면 이런 방법으로 평가해 보는 것도 필요합니다.

2. 우리 소그룹 안에서의 소통이 오직 하나님의 기뻐하심 가운데 이루어질 수 있도록 기도합시다.

▶▶▶ 하나님께서 기뻐하시는 소통이라면 다른 사람들도 자연스럽게 즐거움을 얻게 될 것입니다. 인도자는 아름다운 소통을 이루는 일도 결코 쉬운 일이 아닌 만큼 하나님께 도움을 구하는 시간을 갖자고 전합니다.

마음 밭에 심기

주제 말씀 암송

미련한 자는 자기 행위를 바른 줄로 여기나 지혜로운 자는 권고를 듣느니라 잠언 12:15

▶▶▶ 이 성구대로 지혜로운 사람은 상대가 진심으로 조언해 주면 귀담아 듣고 고치려고 노력합니다. 구성원 간에 서로 이런 자세가 수반되어 있다면 좀더 아름다운 소통과 교제를 이룰 수 있을 것입니다.

마음에 새기기

▶▶▶ 인도자는 마음에 새기기를 통해 이 과에서 배운 내용을 점검하고 중요 내용을 숙지할 수 있어야 한다고 말합니다. 읽을 때에는, 스스로 읽고 복습하는 것도 좋지만 서로 짚어 주는 것이 더 효과적일 수 있습니다. 그러므로 소그룹별로 읽어 볼 수 있도록 유도합니다. 또한 인도자는 한 주에 한 번 이상 이 내용을 각자 체크할 수 있도록 권면합니다.

소그룹을 인도할 때 필요한 기본 원리가 있습니다

1. 소그룹을 인도할 때 가장 기본이 되는 것은 잘 들어 주는 것입니다.
2. 구성원을 관찰함으로써 꾸준히 관심을 보여야 합니다.
3. 구성원의 의견이 잘 이해되고 잘 절충될 수 있도록 정리해 주어야 합니다.
4. 인도자는 언행일치를 통해 구성원에게 본이 되어 주어야 합니다.
5. 인도자는 언제나 소그룹의 목적을 인식해야 하며 그것에 집중할 수 있게 이끌어야 합니다.

소그룹을 인도할 때 리더가 주의해야 할 점이 있습니다

1. 모임 전에 미리 계획을 하고 필요한 모든 것을 세심하게 점검해야 합니다.
2. 생각을 나눌 때에는 구성원이 편안하게 참여할 수 있도록 서두르지 말아야 합니다.
3. 침묵하는 상황이 생겼을 때에는 당황하지 말고 구성원들에게 생각할 시간을 주면서 자연스럽게 이끌어 가야 합니다.
4. 지시적인 태도와 말투를 지양해야 합니다.

소그룹에서 소통은 매우 중요한 개념입니다

1. 효과적인 의사소통을 위해서는 자원, 전달 방식, 배려, 성공 여부를 고려해야 합니다.
2. 리더는 소통을 위해 먼저 듣고, 정보와 의견을 구하며, 흐름을 잃지 않도록 주의하고, 솔직해야 합니다.
3. 리더는 모임의 내용을 명확히 하고, 실제화하며, 다른 사람을 세워 주어야 합니다.
4. 소그룹 구성원은 다른 사람의 말을 들을 때 추정하거나 성급하게 말하지 말고 겸손한 태도를 취해야 합니다.

▶▶▶ 인도자는 이 과를 정리하며 마무리합니다. 소그룹을 인도할 때 필요한 기본 원리와 원활한 인도를 위해 필요한 소통에 대해 중요한 부분들을 다시금 되새겨 보면서 정리합니다.
다음 과에서는 소그룹 재생산과 새로운 리더를 양성하는 것에 관해 배우게 될 것입니다.

제6과

소그룹 재생산과 새 리더 양육

오늘 우리는...

- 이 과를 통해, 소그룹 재생산의 중요성과 재생산을 위해 필요한 역할에 대해 알게 됩니다.
- 이 과를 통해, 새로운 리더를 양육해야 하는 이유와 양육의 단계에 대해 알게 됩니다.

▶▶▶ 인도자는 이 과를 통해 소그룹 재생산과 새로운 리더의 양육에 대한 중요성 및 방법을 알게 됩니다. 이로써 제자리걸음이 아닌, 성장하고 부흥하는 소그룹을 만들어 나갈 비결을 얻게 됩니다.

마음 문 열기

한 아버지가 아들을 데리고 고향에 방문했습니다. 그는 옛 추억에 잠겨 어린 시절 살던 집과 자주 찾았던 가게, 학교, 놀이터 등을 둘러보았습니다. 시민 회관에 다다르자 아버지는 아들에게 예전에 그곳에서 경험했던 일을 얘기해 주기 시작했습니다.

"여기가 바로 옛날에 수백 명의 청소년들이 모여 전도 집회를 했던 곳이란다. 그 당시 나는 전도 집회에서 사회 보기를 좋아했었는데, 아주 유명한 전도자가 왔던 밤은 지금도 기억이 생생하다.

그때 우리는 워낙 유명한 목사님이 오시니까 많은 청소년이 예수님을 영접할 거라고 기대했었지. 그런데 회관에 모여든 많은 사람 중에 오직 한 사람만이 예수님을 영접했단다. 나는 그때 정말 실망했었지." 여기까지 말한 아버지는 잠시 생각에 잠기는 듯하더니 말을 이었습니다.

"나는 너무나 실망해서 무대 한쪽 구석에 있었단다. 그때 그 유명한 전도자가 와서 나를 안아 주면서 힘내라고 격려하시는 거야. 그리고 나를 위해 기도하겠다고 말하면서 내가 겸손하기만 하면 하나님께서 크게 들어 쓰실 것이라고 말해 주셨지." 아직도 감동이 남아 있는 듯한 표정으로 아들을 바라보면서 아버지는 흥분한 목소리로 다시 말했습니다. "그 목사님이 나를 안아 주면서 격려해 주던 모습을 나는 한 번도 잊은 적이 없단다."

아들에게 이 이야기를 해 준 아버지는 바로 복음 전도자로 사역하고 있는 레이튼 포드입니다. 그리고 어린 시절에 그를 격려해 준 전도자는 그의 매형이 된 빌리 그래함 목사입니다.

▶▶▶ **예화는 서로가 격려하고 도전받는 과정에서 리더가 세워지는 모습을 보여 주고 있습니다. 인도자는 이러한 모습이 우리의 공동체 가운데서도 이어져야 한다고 전합니다. 예화에 등장하는 아이가 그때 당시에는 어린아이에 불과했지만 세월이 지난 후에 복음 전도자로 쓰임 받을 수 있었던 것처럼, 당장 큰 일을 할 수 없을 것 같은 지체라도 위대한 리더로 세워질 수 있음을 기억해야 합니다. 그리고 힘껏 격려해 주어야 합니다.**

여기서 잠깐

공동체 내의 지체들을 사역자로 세울 수 있는 원동력은 무엇일까요?

▶▶▶ 예화에 나온 바와 같이 누군가에게 받은 감동이 큰 영향력을 끼칠 수 있습니다. 그런 감동을 위해서는 진심이 담긴 격려가 필요합니다. 그 격려 가운데 하나님이 주시고자 하는 메시지가 담길 수 있습니다. 그런 메시지 한 마디가 위축되어 있던 사람을 일으키고, 아무것도 할 수 없다고 피하는 사람을 능력자로 세울 수 있습니다.

배움과 익힘

▶▶▶ 인도자는 들어가기 전에, 소그룹의 궁극적인 목적은 소그룹의 재생산임을 알려 줍니다. 즉 소그룹은 현상 유지에 목적이 있는 것이 아니라 비신자들을 소그룹으로 인도하고 배가시킨 후, 새로운 소그룹을 만드는 것에 목적을 두어야 합니다. 그리고 이런 과정에서 새로운 리더를 세우는 것 역시 중요합니다. 인도자는 이 과에서 다루는 내용이 왜 중요한지 강조해 주면서 내용으로 들어가도록 합니다.

1. 소그룹의 재생산

가. 생명체의 속성

우리 몸은 생명의 기본 단위인 세포(cell)로 이루어져 있고, 각각의 세포는 완전한 생명체 활동을 통해 몸을 세워 나갑니다. 세포의 생명 주기는 다음의 네 단계로 이루어집니다.

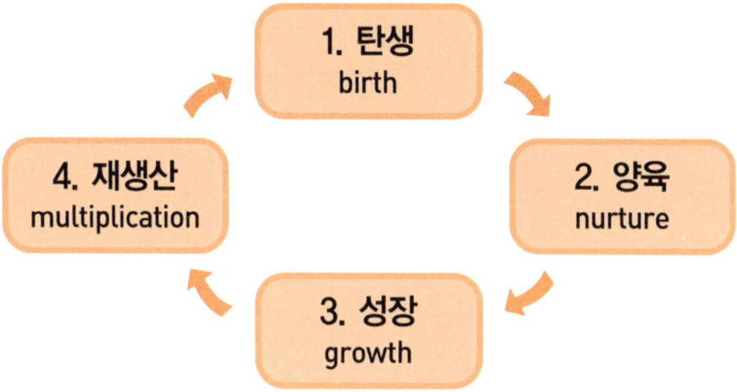

교회는 그리스도의 몸입니다. 그러므로 교회는 하나의 생명체로서 건강한 몸을 이루어야 하고, 이를 위해 몸의 세포에 해당하는 소그룹이 제 기능을 발휘해야 합니다. 탄생, 양육(훈련), 성장, 재생산 과정을 통해 새로운 생명체를 만들어 내야 합니다.

> 교회는 그의 몸이니 만물 안에서
> 만물을 충만하게 하시는 이의 충만함이니라 에베소서 1:23

나. 소그룹의 재생산이 중요한 이유

1) 하나님의 뜻이므로

하나님께서는 아담과 하와를 지으시고 "생육하고 번성하여 땅에 충만하라(창세기 1:28)"고 말씀하셨습니다. 하나님께서는 넘치는 생명력을 주셔서(요한복음 10:10), 교회와 소그룹을 성장시키십니다(사도행전 19:20).

하나님이 그들에게 복을 주시며 하나님이 그들에게 이르시되
생육하고 번성하여 땅에 충만하라, 땅을 정복하라,
바다의 물고기와 하늘의 새와 땅에
움직이는 모든 생물을 다스리라 하시니라 창세기 1:28

또한 십자가 구원 사역을 완성시킨 예수님께서는 제자들에게 "모든 족속으로 제자를 삼으라"고 명령하셨습니다. 소그룹은 교회성장과 하나님 나라의 확장을 이루는 가장 확실한 길입니다.

예수께서 나아와 말씀하여 이르시되 하늘과 땅의
모든 권세를 내게 주셨으니 그러므로 너희는 가서
모든 민족을 제자로 삼아 아버지와 아들과 성령의 이름으로
세례(침례)를 베풀고 마태복음 28:18-19

▶▶▶ **여기서 모든 민족으로 제자를 삼으라는 것은 예수님을 닮은 자, 예수님을 따르는 자, 예수님처럼 살고 일하는 자를 키워 내라는 뜻입니다. 예수님은 소그룹을 제자 양육의 현장으로 삼으셨습니다.**

2) 영적 성장에 필수적이므로

새로운 소그룹을 만드는 일은 전적으로 주는 사역입니다. 나의 것을 남에게 줄 때 오히려 성장합니다. 받아들이기만 하면 고인 물이 썩어 들어가듯 도태되지만, 계속 주면서 흘려보내면 신선함 속에서 새로운 발전을 이루어 가게 됩니다.

범사에 여러분에게 모본을 보여 준 바와 같이 수고하여
약한 사람들을 돕고 또 주 예수께서 친히 말씀하신 바 주는 것이
받는 것보다 복이 있다 하심을 기억하여야 할지니라 사도행전 20:35

▶▶▶ 바울은 예수님의 말씀을 인용하여 "주는 것이 받는 것보다 복이 있다"고 전하고 있습니다. 여기서 '약한 사람들'은 경제적인 면에서 궁핍한 자, 병들고 신체상의 약점을 가진 가난한 자를 가리키는데, 소그룹 활동에서도 이것이 적용되어야 합니다. 자신을 나누어 약한 지체를 새 생명체로 세울 때 건강도 유지할 수 있습니다.

3) 가장 확실한 열매이므로

주님께서는 열매를 많이 맺으면 예수님의 제자가 된다고 말씀하셨습니다. 교회가 교회를 세우듯, 하나의 소그룹이 새로운 소그룹을 만들어 내는 일이야말로 가장 분명한 신앙의 열매입니다.

너희가 열매를 많이 맺으면 내 아버지께서 영광을 받으실 것이요
너희는 내 제자가 되리라 요한복음 15:8

▶▶▶ 포도나무의 가지라 할 수 있는 성도들은 열매를 맺어야 할 의무가 있습니다. 열매를 맺는 것은 우리 자신을 위한 것이 아니라 하나님의 영광을 이루기 위한 것입니다. 또한 열매를 많이 맺는 것은 이미 자신이 예수님의 제자가 되었음을 드러내는 것이기도 합니다. 특별히 새로운 소그룹이라는 열매를 맺는 것은 우리가 주님의 제자임을 확실히 보증하는 길입니다.

다. 소그룹의 재생산 과정

1) 1단계: 팽창

기존 소그룹이 소그룹으로서의 기능을 발휘하기 어려울 정도로 커졌다고 여겨지면, 이를 분할해 새로운 소그룹 재생산 계획을 수립할 단계에 이른 것입니다. 소그룹 팽창은 왕성한 전도 활동과 체계적인 새가족 양육의 결과임을 잊어서는 안 됩니다.

2) 2단계: 훈련

새로운 소그룹의 성공 여부는 예비 리더의 훈련에 달려 있습니다. 예비 리더는 최소 3개월 이상 실습하는 훈련 과정이 필요합니다.

3) 3단계: 탄생

새로운 소그룹의 탄생을 위해 구체적인 날짜를 잡고 이에 필요한 준비와 세심한 점검을 하는 과정을 거쳐야 합니다. 새로운 소그룹의 탄생은 모두가 축하하며 기도해 주는 잔칫날로 삼아야 합니다. 가능하다면 교회 내 다른 소그룹의 구성원을 초청해서 함께 기쁨을 나누는 것이 좋습니다.

라. 소그룹 재생산에 있어 리더의 역할: 3A

1) 자극을 주기(Attention)

소그룹이 은혜롭게 진행되다 보면 구성원이 그 속에 안주하려는 생각을 갖게 됩니다. 그럴 때 리더는 구성원에게 소그룹의 재생산에 대한 꿈과 비전을 제시해야 합니다.

2) 칭찬을 아끼지 말기(Appreciation)

예비 리더와 같이 소그룹 재생산에 주도적인 역할을 하는 사람들에게 가장 필요한 것은 리더의 칭찬과 격려입니다. 칭찬은 성공적인 소그룹 재생산에 긍정적인 역할을 합니다.

3) 자신감을 심어 주기(Affirmation)

소그룹의 재생산이 생각처럼 수월하지 않을 수도 있습니다. 늘 기도로 성령님의 도우심을 기대하며, 구성원에게 긍정적이고 적극적이며 창조적인 태도를 갖도록 이끌어 주어야 합니다.

2. 새로운 리더의 양육

가장 성공적인 리더는 다른 사람을 리더로 양육하여 세우는 리더입니다.

가. 새로운 소그룹 리더 양육의 중요성

새로운 일꾼을 가르치고 훈련하는 일은 영적 지도자가 필수적으로 감당해야 할 역할입니다.

> 또 네가 많은 증인 앞에서 내게 들은 바를
> 충성된 사람들에게 부탁하라
> 그들이 또 다른 사람들을 가르칠 수 있으리라 디모데후서 2:2

▶▶▶ 여기에서 "내게 들은 바"란 바울이 디모데에게 전한 복음의 진리를 가리킵니다. 바울은 디모데에게 많은 증인 앞에서 전해 들은 기독교 진리를 다른 사람에게도 전할 것을 권면하고 있습니다. 또한 바울은 이렇게 기독교 진리를 전하는 일은 아무에게나 가볍게 행해 질 수 있는 것이 아니라 충성된 사람들에게 한정해야 한다고 전하고 있습니다. 그 이유는 말씀을 들은 자는 또 다른 사람을 가르쳐야 하기 때문입니다. 따라서 그들은 마땅히 다른 사람을 가르칠 수 있는 자격을 갖추어야 하며 복음의 진리를 계승하는 데 열심인 사람이어야 합니다.

리더가 새로운 소그룹 리더를 양육해야 하는 이유는, 소그룹과 리더 모두 성장할 수 있고 리더의 일을 분담할 수 있기 때문입니다. 또한 소그룹의 증가를 위해서는 더 많은 지도자가 필요하기 때문입니다.

소그룹은 리더의 소유물이 아니며 다른 리더를 기르는 영적 훈련소입니다. 리더의 궁극적 목표는 또 다른 리더의 양성입니다. 자신이 올바로 서는 것뿐 아니라 다른 사람을 세워 주는 것이 리더의 본분입니다. 즉, 소그룹 리더는 제자를 낳는 사람입니다.

나. 소그룹 리더의 양육 다섯 단계

1) 숨어 있는 리더를 발굴하기

많은 교회가 일하는 소수와 일하지 않는 다수로 구성되어 있습니다. 많은 인력이 활용되고 있지 않은 이유는 능력이 부족해서가 아닙니다. 소그룹 리더로서 성품과 은사와 능력을 갖추고 있음에도 세워질 기회가 없어서 활용되지 못하는 경우가 있습니다.

그러므로 주위의 지체들에게 늘 관심을 가지고 가능성과 잠재력 있는 일꾼들을 찾아야 합니다. 또한 일꾼이 발견되면 끊임없는 격려와 도전을 해주어야 합니다.

▶▶▶ 인도자는 소그룹 리더를 개발하기 위한 방법을 다음과 같이 조언해 줍니다.

1) 무엇보다 소그룹 사역에 대한 비전을 심어 주어야 합니다.
변화를 일으키는 리더십은 구성원에게 인식을 변화시키고 동기부여를 주는 데에서부터 출발합니다. 소그룹 사역의 비전을 선포하는 것은 사람들을 리더 훈련의 장으로 초대하는 첫 걸음입니다. 특별히 동기부여는 설교 시의 메시지나 주보와 같은 매체를 통해서 할 수 있습니다.

2) 기존의 소그룹 리더들은 소그룹 내에서 가능성 있는 리더들을 발굴하도록 해야 합니다.
소그룹 모임은 새로운 리더를 발견하는 데 좋은 환경입니다. 소그룹에서는 자신을 숨길 수가 없고 리더의 은사가 있는 사람은 쉽게 파악되기 때문입니다. 물론 너무 성급하게 새가족을 소그룹 리더로 세우려고 하는 것은 좋지 않습니다. 소그룹 리더가 될 만한 사람은 일정 기간의 교회 동화 과정을 거친 후 헌신된 마음을 가진 자이어야 합니다.

3) 잠재된 소그룹 리더를 발견하기 위해서는 무엇보다도 기도가 필요합니다. 예수님도 제자들을 선택하실 때 밤새 기도하셨습니다. 성부 하나님께 기도하셨던 예수님처럼 우리도 하나님께 기도로 맡기는 것이 중요합니다.

2) 양육 커리큘럼을 구성하기

사람들이 교육을 받을 때 재미를 느끼는 것은 단계별 학습으로 성취감을 맛볼 때인 경우가 많습니다. 그러므로 소그룹 리더 양육 커리큘럼도 단계별 훈련이 효과적입니다. 양육 커리큘럼은 크게 두 가지 목표를 달성하기 위해 구성되어야 합니다. 그 두 가지 목표는 '리더 자신이 그리스도의 제자로 거듭나는 것' 과 '리더로서의 기술을 익히는 것' 입니다. 즉, 먼저 소그룹 리더로서의 인품과 자세를 가르치고, 그 후에 리더십 기술 습득의 과정을 따르게 해야 하는 것입니다.

▶▶▶ 안타깝게도 소그룹 리더 양육에는 성공을 보장하는 방법론이 없습니다. 그러므로 세부적인 양육 커리큘럼은 각 교회의 상황과 목회 철학에 맞게 설정해야 합니다.

3) 리더로서의 자세를 가르치기

소그룹 리더의 양육을 위한 세 번째 단계는 리더로서의 자세를 가르치는 일입니다. 소그룹 리더의 태도와 성품은 소그룹의 성장과 확장에 결정적인 요소가 될 수 있습니다. 소그룹 리더의 헌신 의식, 지체 의식, 순종 의식, 그리고 사명 의식이 분명할 때 역동적인 소그룹들이 생산될 수 있습니다.

▶▶▶ 미래의 리더들은 '어떻게 하느냐'(how to do it) 보다는 '어떤 성품을 갖출 것인가'(how to be)에 더 초점을 맞추는 사람들입니다. 소그룹 리더의 태도와 성품은 소그룹의 성장과 번식에 결정적인 요소입니다. 소그룹 리더가 자신의 위치와 역할에 대해 정확한 인식을 가지는 것은 그 어떤 리더십 개발보다 중요합니다.

4) 소그룹 운영법을 가르치기

소그룹 리더는 모임을 잘 인도할 책임이 있습니다. 모임에서 사람들의 이야기를 들어주고, 자신의 삶을 공개하며, 말씀의 이해와 적용을 도와주고, 서로 돌아보게 하는 것이 리더의 역할입니다.

구체적인 상황별 모임 인도법은 자신이 직접 해보았을 때 가장 잘 터득할 수 있습니다. 그러므로 예비 소그룹 리더에게 모임을 이끌 기회를 주어야 합니다. 여러 가지 교육을 한 후에는 실제적인 체험 훈련이 필요합니다.

▶▶▶ 모임에서 사람들의 이야기를 듣고, 말씀의 이해와 적용을 도와주며, 서로 돌아보게 하는 것이 리더의 역할입니다. 소그룹 리더에게는 태도(spirit)와 기술(skill)이 모두 필요합니다. 리더로서의 자세뿐만 아니라 모임의 운영 기술이 있어야 하는 것입니다.

5) 리더로 세운 후에도 양육하기

소그룹 리더의 양육에는 '사역 예비 훈련'과 '사역 도중 훈련'이 있습니다. 리더 양육이라고 하면 보통 사역 예비 단계 훈련에만 초점을 기울이고 그다음 과정에는 주의를 기울이지 않습니다. 그러나 리더가 실제로 사역을 하고 있는 중에도 사후 관리와 교육을 하는 것이 리더 양육의 성패를 가름합니다.

▶▶▶ **각 교회는 이를 위해 사역 예비 훈련(pre-service training)과 사역 도중 훈련(in-service training)의 프로그램을 조화롭게 구성하고 운영해야 합니다.**

더불어 나눔

1. 주변에 리더로서의 잠재력을 가진 지체가 있다면 소개하는 시간을 가져 봅시다.

▶▶▶ 잠재력은 현재의 드러나는 능력을 말하는 것이 아닙니다. 그러므로 당장은 부족한 점이 있더라도 누군가에게 가능성이 있고 기대할만한 부분이 있다면 솔직하게 나누도록 합니다. 경우에 따라서는 대상을 익명으로 말하고, 그 사례만 이야기해도 좋습니다.

2. 우리의 소그룹이 더욱더 확장하고 부흥할 수 있도록 기도합시다.

▶▶▶ 우리의 소그룹이 재생산 되기를 기대하면서 다함께 기도합니다. 양적으로만이 아니라, 무엇보다 영적으로 부흥할 수 있도록 간절히 기도합니다.

마음 밭에 심기

주제 말씀 암송

또 네가 많은 증인 앞에서 내게 들은 바를 충성된 사람들에게 부탁하라 그들이 또 다른 사람들을 가르칠 수 있으리라

디모데후서 2:2

▶▶▶ 바울이 디모데를 세웠듯 우리도 누군가를 세울 수 있고 누군가를 통해 세워질 수 있습니다. 그런 모든 가능성을 생각하면서 이 성구를 암송합니다.

마음에 새기기

▶▶▶ 인도자는 마음에 새기기를 통해 이 과에서 배운 내용을 점검하고 중요 내용을 숙지할 수 있어야 한다고 말합니다. 읽을 때에는, 스스로 읽고 복습하는 것도 좋지만 서로 짚어 주는 것이 더 효과적일 수 있습니다. 그러므로 소그룹별로 읽어 볼 수 있도록 유도합니다. 또한 인도자는 한 주에 한 번 이상 이 내용을 각자 체크할 수 있도록 권면합니다.

소그룹은 멈추거나 안주하지 않고 재생산해야 합니다

1. 교회는 생명체로서 탄생, 양육(훈련), 성장, 재생산 과정을 거쳐야 합니다.
2. 소그룹의 재생산은 하나님의 뜻이며, 영적 성장에 필수적입니다.
3. 소그룹의 재생산 과정은 팽창, 훈련, 탄생으로 이루어집니다.
4. 소그룹의 재생산을 위해 리더는 자극을 주고, 칭찬하고, 자신감을 심어 주어야 합니다.

가장 성공적인 리더는 다른 사람을 리더로 가르치고 만들어 내는 리더입니다

1. 새로운 일꾼을 가르치고 훈련하는 일은 영적 지도자가 필수적으로 감당해야 할 역할입니다.
2. 소그룹 리더 양육 단계는 숨어 있는 리더 발굴, 양육 커리큘럼 구성, 자세 교육, 운영법 교육, 리더로 세운 후의 양육으로 이루어집니다.

▶▶▶ 인도자는 이 과를 정리하며 마무리합니다. 우리가 속한 소그룹이 정체되지 않고 더욱 성장하고 발전하기를 기대하면서 이 과를 정리하도록 합니다.
다음 과에서는 소그룹과 교회가 어떠한 관계에 있는지를 살펴보게 될 것입니다.

Tip 예배 리더를 양육하는 다섯 단계

리더십 훈련의 대가로 알려진 존 맥스웰 목사는 기존 리더가 예비 리더의 잠재력과 역량을 이끌어 내는 양육의 다섯 단계를 다음과 같이 소개하고 있습니다.

1단계: 모델(Model)의 단계("나는 모델이 된다")
– 리더인 내가 전적으로 일을 수행하는 단계

1단계 리더 훈련 과정은 예비 리더들에게 리더가 일하는 것을 지켜보게 하는 것으로 시작합니다. 이렇게 함으로 리더는 예비 리더들에게 자신의 일의 모든 과정을 볼 수 있는 기회를 제공합니다. 많은 경우에 있어 리더들은 사역의 중간 과정에서부터 훈련을 시작하여 예비 리더를 혼란스럽게 합니다. 리더는 예비 리더들에게 일을 어떻게 바르게 하고 마칠 수 있는지를 보여 줌으로 예비 리더들이 따라하도록 하는 것입니다.

2단계: 멘토(Mentor)의 단계("나는 멘토가 된다")
– 리더의 일에 예비 리더가 참여하는 단계

2단계 과정에서는 내가 하는 업무를 계속하면서 예비 리더로 하여금 리더가 하는 일을 옆에서 도울 수 있는 기회를 줍니다. 같이 일을 하면서 어떻게 하느냐만 가르치지 않고 왜 그렇게 해야 하는지를 자세히 설명해 줍니다.

3단계: 모니터(Monitor)의 단계("나는 모니터를 한다")
– 예비 리더가 일을 수행하고 리더인 내가 그를 지켜보는 단계

3단계 과정에서는 일하는 위치를 서로 맞바꿉니다. 예비 리더가 일을 하고 리더가 옆에서 도우면서 잘못된 부분을 교정해 줍니다. 이 단계에서는 특별히 예비 리더를 격려해 주고 긍정적인 눈으로 지켜봐 주어야 합니다. 이렇게 함으로 그들을 계속 노력하게 하고 포기하지 않고 발전할 수 있도록 해줍니다. 또한 그들이 일을 확실히 배울 때까지 지도해 주어야 합니다. 이 과정을 거의 마치게 되면, 그들로 하여금 이 과정을 리더에게 설명하도록 합니다. 이렇게 함으로 이 과정을 예비 리더들이 확실히 이해하고 기억하게 합니다.

4단계: 동기부여(Motivation)의 단계("나는 동기를 부여한다")
– 예비 리더가 전적으로 일을 수행하는 단계

4단계 과정에서는 리더는 일을 하는데 관여하지 않고 예비 리더가 주도적으로 일을 하도록 맡겨 둡니다. 이 단계에서 리더의 역할은 예비 리더가 리더의 도움 없이 일을 잘 하는지 보고 예비 리더를 계속 격려하여 발전시키는 것입니다. 그리고 예비 리더가 그 일에 대해 자신감을 가질 때까지 옆에 있어 줍니다. 이렇게 함으로 예비 리더에게 상당한 동기부여를 해주게 됩니다.

5단계: 배가(Multiplication)의 단계("우리는 배가시킨다")
– 나와 예비 리더가 동시에 일을 수행하며 또 다른 사람들을 훈련시키는 단계

새로운 리더가 일을 잘하게 되면, 이제 예비 리더들은 다른 사람들에게 일을 가르칠 수 있습니다. 이 단계의 장점은 예비 리더가 다른 사람들의 훈련을 담당해 줌으로써 리더는 다른 중요한 일들을 할 수 있는 시간을 얻게 된다는 것입니다.

제7과

소그룹과 교회성장

오늘 우리는...

- 이 과를 통해, 교회와 소그룹의 관계 및 교회 내 소그룹 정착의 중요성에 대해 알게 됩니다.
- 이 과를 통해, 교회성장을 위한 소그룹 활용 전략에 대해 알게 됩니다.

▶▶▶ 이 과에서는 소그룹과 교회성장은 어떤 관계이며 교회성장을 위해 어떻게 소그룹을 활용할 수 있을지 배우게 됩니다. 인도자는 교회와 연관하여 소그룹이 얼마나 중요하고 필요한지에 대해서도 함께 알아보자고 전합니다.

마음 문 열기

흡혈박쥐는 박쥐의 일종으로 특이한 체질을 지니고 있습니다. 흡혈박쥐는 동물의 피를 빨아먹고 사는데, 이틀간 먹이를 먹지 못하고 체온을 정상으로 유지하지 못하면 삽시간에 체중이 25%나 줄어들면서 60시간 정도 지나면 죽어 버립니다.

따라서 먹이 사냥에서 허탕을 치고 돌아온 흡혈박쥐는 자신의 생명을 위해 다른 동료에게 먹을 것을 구걸합니다. 그러면 그 동료는 자신이 먹은 것을 토하여 주어 그의 생명을 연장시켜 줍니다. 흡혈박쥐들은 자신들이 언제나 먹이를 풍족히 구할 수 없다는 것

을 알고 있기 때문에 '무리 생활'을 통해 서로의 생명을 돌봐 주고 있는 것입니다.

그런데 이렇게 사이좋게 먹이를 나눠 주는 데에 한 가지 규율이 있습니다. 그것은 동료가 위기에 처하여 먹이를 구걸했을 때 별다른 이유 없이 이를 거절한 박쥐에게는 그가 어떠한 위기에 처하더라도 결코 도와주지 않는다는 것입니다. 하나의 공동체 안에서 서로 먹이를 나누어 먹는 것, 동료를 어려움에서 구해 주는 것, 이것이 바로 흡혈박쥐가 살아가는 비결입니다.

▶▶▶ **인도자는 소그룹 내에서 힘들어 하는 구성원이 있다면 더욱 관심 갖고 도와야 한다고 전합니다. 교회 또한 하나의 소그룹이라 할 수 있습니다. 교회에서도 이렇게 남을 더 생각하고 서로가 하나되려는 습관을 길러야 한다고 조언합니다.**

여기서 잠깐

서로 희생하면서 도울 때, 공동체 전체가 더 놀라운 생명력을 얻을 수 있는 이유는 무엇일까요?

▶▶▶ 경제적으로 편하고 세상 기준으로 좋은 조건을 지닌 공동체라 할지라도 행복한 것은 아닙니다. 오히려 남모르는 불안감 속에서 살지도 모릅니다. 그러나 다른 조건은 미비하지만 서로 희생하면서 돕게 된다면, 그곳은 생명력 넘치는 곳으로 변합니다. 왜냐하면 교회는 예수님의 몸이기 때문입니다. 서로 섬기고 아껴 주고 희생할 때, 그 공동체는 예수님의 몸으로서 올바로 기능하게 되고 자연히 생명력을 얻게 됩니다.

배움과 익힘

▶▶▶ 내실을 다져 성장하는 교회가 되기 위해서는 소그룹의 동력화가 필수입니다. 그렇다면 소그룹과 교회성장은 어떤 관계이며 교회성장형 소그룹 사역을 하기 위해서는 어떻게 해야 할지 생각해 보아야 합니다. 이 과에서는 이 부분에 대해 집중적으로 알아보도록 할 것입니다.

1. 교회와 소그룹의 관계

소그룹 사역을 이해하기 위해서는 먼저 교회의 본질을 정확히 알아야 합니다.

가. 교회는 건물이 아닌 몸

교회는 그리스도의 몸을 이루는 유기체이자 생명체입니다. 교회가 그리스도의 몸이라면 소그룹은 몸의 각 부분이라고 할 수 있습니다.

> 교회는 그의 몸이니 만물 안에서
> 만물을 충만하게 하시는 이의 충만함이니라 에베소서 1:23

몸의 모든 부분은 고유한 역할과 기능을 담당하고 있습니다. 예를 들어 팔이 몸에서 떨어져 나가면 제 기능을 발휘하지 못하고 썩게 되며 몸 자체도 치명적인 영향을 입게 됩니다. 개인과 소그룹은 교회와 한 운명 공동체입니다.

▶▶▶ **교회의 본질은 정적인(static)인 것이 아니라 역동적(dynamic)이고 변화하는(changing) 데 있습니다. 교회는 살아있는 유기체이며, 영광을 받으신 그리스도의 영으로 말미암아 생명력을 얻습니다. 그리고 교회의 지체는 그리스도에게 접붙여 짐으로써 그 생명에 참여하게 됩니다. 교회는 그리스도의 몸이며 각 지체는 그리스도에게 유기적으로 접붙여져 있기 때문에 영적인 능력을 소유하게 됩니다.**

나. 교회는 종교 조직이 아닌 영적 가족

초대교회 성도들이 서로를 '형제', '자매'라고 부른 것은 그들의 관계가 하나님 아버지를 모시고 사는 형제자매처럼 친밀했기 때문입니다. 교회에서 맺어지는 관계는 전 인생에 걸친 관계입니다. 그러므로 교회는 상대방의 허물을 덮고 주님 안에서 서로 사랑하는 공동체가 되어야 합니다.

그러므로 나의 사랑하고 사모하는 형제들,
나의 기쁨이요 면류관인 사랑하는 자들아
이와 같이 주 안에 서라 빌립보서 4:1

▶▶▶ 본 절에서 바울은 빌립보교회 성도들을 "사랑하고 사모하는 형제들"이라고 말하고 있습니다. 이것은 바울과 빌립보교회 성도들이 하나님 안에서 친밀하다는 것을 표현하는 것입니다. 그렇기 때문에 바울은 사랑하고 사모하는 빌립보교회에게 개인적이고 직접적인 일에 대해 권면할 수 있었습니다.

2. 교회 안에서 소그룹이 정착해야 하는 이유

가. 성경이 강조하고 있기 때문에

예수님께서는 세상을 구원하시기 위해 먼저 '열두 제자' 라는 소그룹을 형성하셨습니다. 그리고 그들을 사랑의 공동체로 이끄셨습니다.

너희가 서로 사랑하면 이로써 모든 사람이
너희가 내 제자인 줄 알리라 요한복음 13:35

그리스도인의 진정한 교제와 사랑은 소그룹 형태에서 이루어집니다. 그러므로 교회 안의 교회인 소그룹이 온전하게 형성되고 성장할 때 교회는 건강하게 성장하고 성숙해질 수 있습니다.

나. 교회의 본질적 가치이므로

교회를 신앙 공동체라고 말합니다. 공동체, 즉 '커뮤니티'(community)란 말 그대로 '함께하는 것'입니다. 함께 와서(coming) 하나가 되는(unity) 과정이 바로 공동체(community)입니다. 교회 공동체는 이 말의 의미처럼 전체가 하나되고 하나가 전체가 되어야 합니다. 소그룹은 교회가 이런 특성을 가질 수 있게 해줍니다.

다. 목회 현장의 한계를 극복하기 위해

목회자가 혼자 교회 사역을 감당하기에는 한계가 있습니다. 전임 사역자들, 즉 부교역자들이 있지만 그들만으로 사역을 다 감당하기에는 한계가 있습니다. 목회자가 감당해야 할 분량이 많기 때문입니다.

따라서 평신도와 사역 현장에서 함께 일을 하는 것이 근본적인 해결책이 될 수가 있습니다. 모든 문제를 담임 목회자가 해결하려 하기보다는 평신도들을 소그룹의 전임 사역자가 되게 하여 해결하는 것이 바른 대안입니다.

라. 교회성장을 위해

성장하는 교회들을 보면, 대부분 예배가 역동적이며 다양한 소그룹 활동이 잘 이루어지고 있음을 알 수 있습니다. 무엇보다도 소그룹은 비신자를 전도하는

선교의 중요한 도구입니다. 비신자들은 가정에서 모이는 소그룹을 통해 자연스럽게 초청을 받고 복음을 접할 수 있기 때문입니다.

소그룹은 또한 새가족을 정착시키는 역할을 합니다. 설교와 교회 시설이 훌륭하더라도 새가족은 교회 안의 소그룹에 소속되지 않으면 교회를 떠나기 쉽습니다. 새가족은 예배에 참석하여 소속감을 느끼기보다는 소그룹을 통해서 소속감과 안정감을 더 크게 느낍니다.

마. 인간의 기본적인 필요이므로

소그룹은 영적 성장에 대한 필요, 친교와 격려에 대한 필요, 어려움을 이겨낼 힘과 용기의 필요, 사랑을 주고받고자 하는 필요, 다른 사람을 섬기고자 하는 필요를 채워 줍니다. 한마디로 소그룹은 개인의 영적, 인격적인 필요를 채워 줍니다. 건강한 소그룹은 구성원들이 개인의 사사로운 문제까지도 나누며 기도해 줌으로써 서로의 필요를 채워 주는 일에 관심을 갖습니다.

특히 성도들은 보는 예배에서 함께하는 예배를 드리기 원하며, 예배의 단순 참여자에서 예배의 동참자가 되기를 원하고 있습니다. 이러한 변화가 대중 중심의 목회에서 소그룹 중심의 목회로의 전환을 요청합니다.

바. 사회의 요청이므로

소그룹은 우리 사회의 각 방면에 융화되기에 용이합니다. 급변하는 사회에서 사람들은 안정감과 소속감이 있는 인간관계를 필요로 합니다. 그런데 소그룹은 급격히 변화하는 사회에서 현대인의 욕구를 채워 줄 수 있습니다. 이기적인 인간관계, 경쟁 관계, 개인주의가 팽배한 사회에서 소그룹은 지속적인 관계를 제공하고 외로움을 치유하며 개인적인 문제를 해결하는 데 중요한 기능을 하고 있습니다.

▶▶▶ **인도자는 일반 목회와 소그룹 목회의 차이를 설명해 줍니다.**

일반 목회	소그룹 목회
교제 결여	친밀한 교제 가능
질문, 토의 불가	질문 가능, 말씀의 깨달음과 적용에 도움
소외되는 성도 발생	개개인에 관심 가능
협력 부족	상호 격려와 후원, 성도 간 신앙 성장에 도움
정착에 오랜 시간 소요	정착 및 성장이 빠름
목회 지침 전달에 장애	목회자의 목회 지원대로 양육 가능

3. 교회성장을 위한 소그룹 활용 전략

가. 소그룹의 목적을 분명히 하기

소그룹의 목적을 기억하고 염두에 두면서 사역한다면, 사역은 더 큰 힘을 발휘하게 됩니다. 일반적으로 교회성장형 소그룹이 가지는 목적은 두 가지입니다. 하나는 소그룹을 통해 각 개인이 영적, 인격적으로 성장하는 것입니다. 다른 하나는 저마다 주어진 사역들을 이룬 결과, 교회 전체가 성장하는 것입니다. 이 두 가지 목적을 상기하면서 소그룹을 활용한다면 구성원이 교회를 위해 더 열심으로 헌신할 수 있으며, 그에 따라 소그룹이 교회성장에 큰 기여를 할 수 있습니다.

▶▶▶ 소그룹을 활성화하려면 반드시 그 소그룹의 목적과 성격을 명확히 하는 작업이 선행되어야 합니다. 만약 소그룹이 친교의 수준에만 머무르고 교회성장에 유익을 주지 못하고 있다면 그 소그룹은 개선될 필요가 있습니다.

▶▶▶ 효과적인 소그룹 활동은 교회가 성장하고 연합하는 근본적인 토대가 될 수 있습니다. 여기에서는 소그룹의 숫자가 많은 것이 중요한 것이 아니라, 성도들이 분명한 목적의식을 가지고 역동적인 소그룹 활동을 하고 있느냐가 더 중요합니다.

나. 소그룹 모임마다 약정을 만들기

건강한 소그룹 운영을 위한 약정은 필수 사항입니다. 소그룹마다 모임의 방향성, 크기, 시간과 빈도, 기간, 헌신 서약 등을 문서화하여 교회에 알리고 구성원의 동의를 구해야 합니다. 또한 작은 공동체에서도 질서가 중요하다는 사실을 기억하고 약정 사항을 지키기 위해 노력해야 합니다.

▶▶▶ 인도자는 훌륭한 소그룹 운영을 위한 약정 사항으로 다음의 네 가지 요소를 포함하는 것이 좋다고 전합니다.

1) 모임의 방향성
모임의 방향성이 불분명하면 구성원들 간의 기대가 어긋나게 되고 그 결과 갈등이 빚어질 수 있습니다.

2) 모임의 크기
모임의 크기는 그 성격에 따라서 탄력적일 수 있습니다. 그러나 일반적으로 여섯 명에서 열두 명 사이가 결속력을 가지고 운영될 수 있는 가장 적절한 크기입니다.

3) 모임의 시간과 빈도
활성화된 소그룹은 모임의 시작 시간과 마침 시간을 충실히 준수합니다. 모임 시간은 구성원 간에 먼저 합의하고 일정기간 동안에는 시간을 재조정할 수도 있습니다.

4) 모임의 종료 시기
성경공부나 제자 양육 소그룹을 운영할 때는 소그룹의 종료 시기를 반드시 정해야 합니다.

다. 소그룹 지도자를 정기적으로 훈련하기

어떤 소그룹이든 그 소그룹의 지도자를 잘 세우고 구비시키는 것이 중요합니다. 훈련은 정기적이고 체계적으로 이루어져야 합니다. 그리할 때, 훈련 과정을 통해 사명감과 책임감을 강화시킬 수 있습니다.

▶▶▶ 건강한 소그룹에 어울리는 리더십 스타일은 공유된 리더십(shared leadership)입니다. 소그룹의 모든 구성원이 모임의 질적, 양적 성장을 위해서 역할을 감당하며 책임질 때 발전적인 소그룹이 될 수 있기 때문입니다. 그러므로 소그룹 리더는 공유된 리더십을 가져야 할 뿐만 아니라 서로간에 유기적인 유대감을 발휘하도록 이끌어야 합니다.

라. 소그룹 기본 요소의 균형을 유지하기

소그룹이 성장하기 위해서는 예배, 양육, 교제, 선교의 네 가지 요소가 조화를 이루어야 합니다. 물론 이 네 가지 중에서 강화되는 부분이 있을 수 있지만, 특정 요소만을 강조하고 나머지 부분에는 소홀한 것은 건강한 소그룹의 모습이 아닙니다.

▶▶▶ 세상의 모임과는 달리 교회의 소그룹은 하나님을 믿고 예배하는 작은 공동체여야 합니다. 즉 인간의 친교보다는 하나님이 중심이 되는 모임이어야 합니다. 또한 소그룹에서는 그 성격이 어떠한 것이든 영적으로 성장하기 위해 자양분을 공급하는 과정이 있어야 합니다. 예수님은 제자들에게 영적인 양식이 필요하다는 것을 아시고 그들을 가르치시는 일에 집중하셨습니다. 그리고 초대교회가 그러했던 것처럼 서로의 어려움과 아픔을 함께 나누는 모습이 소그룹 내에 있는지 점검해야 합니다. 이와 더불어 그리스도의 기쁜 소식을 다른 사람들에게 나눠주려는 열정이 있어야 합니다.

마. 효과적인 의사소통 구조를 갖추기

소그룹은 하나님과 소통할 뿐만 아니라 구성원 상호간에도 마음문이 서로 열려 있어야 합니다. 소그룹은 인격적이고 개인적인 관계를 바탕으로 성장하는 특징이 있으므로 대화를 통해 정보와 아이디어, 감정 등을 부담 없이 나눌 수 있는 구조를 갖추어야 합니다.

▶▶▶ 소그룹 구성원들은 우선 하나님과의 올바른 소통이 있어야 합니다. 기도를 통하여 하나님과 바른 관계를 맺는 구성원들이 모인 소그룹은 건강하게 성장합니다. 구성원들 간에도 서로 마음 문을 열고 소통해야 합니다. 소그룹은 인격적이고 개인적인 관계를 바탕으로 성장하기 때문에 서로가 열린 마음으로 관계를 맺지 않는다면 효과적인 활동이 불가능할 것입니다.

바. 문제가 생겼을 때 적극적으로 해결하기

문제가 발생한 사실보다 그 문제를 어떻게 바라보느냐가 소그룹의 건강도를 측정하는 기준이 됩니다. 문제는 어느 곳에나 있기 마련입니다. 이를 '성장을 위한 연단 과정'으로 알고 긍정적으로 소화한다면 그 소그룹은 더욱 견고해 질 것입니다.

▶▶▶ 소그룹 모임을 가지다 보면 시간이 지남에 따라 여러 가지 문제가 발생합니다. 가령 소그룹 내에 한 명이 자신의 주장을 강하게 내세운다거나 말을 너무 많이 하는 문제가 있을 수 있습니다. 그럴 때에는 구성원이 그의 행동에 대해 어떻게 생각하고 있는지, 그리고 그의 행동이 소그룹에 어떤 영향력을 끼치는지를 솔직하게 나누는 것이 필요합니다. 이때 리더는 구성원이 상처받거나 더 큰 갈등으로 번지지 않도록 주의해야 합니다.

▶▶▶ 또는 소그룹 내의 지도자의 권위가 상실되는 경우가 있을 수 있습니다. 사람들이 소그룹 지도자를 인정하지 않을 경우 소그룹이 성장하기란 거의 불가능합니다. 이런 경우는 공동의 리더십을 행사하는 것이 좋습니다. 구성원 간에 파벌이 생기는 경우도 있습니다. 이와 같은 모습들은 타인에게 배타적으로 비치기 때문에 사람들이 그 소그룹에 들어오는 것을 방해합니다.

사. 재생산에 주력하기

어떤 소그룹도 변화 없이 지나치게 오래 정체되어 있으면 건전하게 성장하지 못합니다. 성장의 정점에 도달하기 전에 새로운 재생산을 염두에 두는 것이 바람직합니다. 재생산을 도모하되 선교와 하나님 나라를 위한 재생산이 이루어져야 합니다.

▶▶▶ **소그룹이 영적으로 성장하면 그 구성원은 자신의 소그룹에 안주하지 않고 세포분열의 과정을 자연스럽게 받아들이게 됩니다. 제자화 소그룹이든 성경공부 소그룹이든 모든 소그룹은 결국 선교를 위한 영적 재생산이 있어야 합니다. 교회 안의 교회라고 불리는 소그룹이 활성화되고 발전할 때 주님의 몸 된 교회는 건강하게 성장할 것입니다.**

▶▶▶ **예수님의 제자들은 제자인 동시에 사도였습니다. 그들은 배우는 자인 동시에 세상에 보내진 자였습니다. 그러기 때문에 교회 안의 모든 소그룹은 선교와 교회성장을 위해 사역하는 소그룹으로 성장해 나가야 합니다. 개 교회에서는 영적인 재생산이 이루어지는 소그룹으로 세포분열 되는 것을 중요한 목적으로 삼아야 합니다.**

더불어 나눔

1. 우리 교회의 대표적인 소그룹에 대해서 알아보고, 그 소그룹이 교회에 미치는 영향에 대해 나누어 봅시다.

▶▶▶ 인도자는 그 소그룹이 교회에 미치고 있는 영향력에 대해서 나눈 후, 시간이 남으면 그런 영향을 끼칠 수 있었던 이유에 대해서도 생각해 보자고 말합니다. 그 이유는 특별한 것이 아니라 아주 단순한 데에 있을 수도 있습니다. 그것을 함께 찾아보는 것도 좋을 것입니다.

2. 우리 교회 안에 건강한 소그룹이 더 늘어날 수 있도록 함께 기도하는 시간을 가져 봅시다.

▶▶▶ 소그룹이 활성화된 교회는 그 소그룹 하나하나가 더욱 건강하게 성장하길 기도하고, 아직 소그룹이 활성화되지 못한 교회는 소그룹이 하나하나씩 세워지도록 기도합니다.

마음 밭에 심기

주제 말씀 암송

교회는 그의 몸이니 만물 안에서 만물을 충만하게 하시는 이의 충만함이니라 에베소서 1:23

▶▶▶ 이 성구는 교회의 정체성을 잘 설명해 주고 있습니다. 인도자는 예수님의 몸된 교회와 몸된 지체의 구성원들이 소그룹을 통해 하나님께 더 많은 영광을 돌릴 수 있어야 한다고 전합니다. 이 사실을 기억하며 성구를 암송할 수 있게 해줍니다.

마음에 새기기

▶▶▶ 인도자는 마음에 새기기를 통해 이 과에서 배운 내용을 점검하고 중요 내용을 숙지할 수 있어야 한다고 말합니다. 읽을 때에는, 스스로 읽고 복습하는 것도 좋지만 서로 짚어 주는 것이 더 효과적일 수 있습니다. 그러므로 소그룹별로 읽어 볼 수 있도록 유도합니다. 또한 인도자는 한 주에 한 번 이상 이 내용을 각자 체크할 수 있도록 권면합니다.

교회와 소그룹은 밀접한 관계를 갖습니다

1. 교회는 건물이 아닌 그리스도의 몸입니다.
2. 교회는 종교 조직이 아닌 영적 가족으로서 사랑의 공동체가 되어야 합니다.

교회 안에서 소그룹이 정착해야 하는 이유가 있습니다

1. 성경이 소그룹의 중요성을 가르쳐 주기 때문입니다.
2. 교회는 신앙 공동체로서 하나가 되어 함께해야 하기 때문입니다.
3. 목회자들이 교회 사역을 온전히 감당하기에는 한계가 있기 때문입니다.
4. 소그룹은 비신자를 전도하는 선교의 중요한 방편이며 새가족 정착에 효과적이기 때문입니다.
5. 소그룹은 개인적인 필요, 사회적인 필요를 채워 주기 때문입니다.

소그룹을 적극 활용함으로써 교회성장을 위한 전략을 세울 수 있습니다

1. 소그룹의 목적을 분명히 하고, 모임마다 약정을 만들어야 합니다.
2. 소그룹 지도자를 정기적으로 훈련시키고, 소그룹 기본 요소의 균형을 유지해야 합니다.
3. 효과적인 의사소통 구조를 갖추고, 문제가 생겼을 때 적극적으로 해결하며, 재생산에 주력해야 합니다.

▶▶▶ 인도자는 이 과를 정리하며 마무리합니다. 소그룹 정착을 통해 우리의 교회가 부흥하고, 소그룹이 교회 안에서 다양하게 활성화 되기를 기대하면서 이 과를 정리하도록 합니다.

다음 과에서는 소그룹의 발전을 위해 점검하고 계획해야 할 것들을 살펴보게 될 것입니다.

제8과

소그룹 리더 학교 워크북

오늘 우리는...

- 이 과를 통해, 소그룹을 점검하기 위한 자료들을 나누게 됩니다.
- 이 과를 통해, 소그룹을 이끌기 위해 어떤 식으로 계획을 세울 수 있는지 배우게 됩니다.

▶▶▶ 이 과에서는 건강한 소그룹을 만들어 가기 위해 체크해야 할 다양한 부분을 나눕니다. 그뿐만 아니라, 건강한 소그룹을 만들기 위해 필요한 지침 사항이나 방법들도 함께 살펴봅니다.

마음 문 열기

한 신사가 교회에 예배를 드리러 가다가 길거리에서 장난하고 있는 네 명의 소년을 보았습니다. 그는 이 소년들을 열심히 전도해서 교회로 데리고 왔습니다. 그리고 소그룹 성경공부 반을 만들어 이들을 가르치기 시작했습니다. 비록 네 명밖에 안 되는 모임이었지만 정성을 다해 가르쳤습니다. 소년들은 모임에서 많은 가르침을 받을 수 있었습니다. 그 후 이들은 장성하여 각기 마을을 떠났습니다.

오랜 세월이 흘러 마을에서 노신사의 은퇴 축하연이 열렸습니다. 그 자리에서는 네 통의 편지가 낭독되었습니다. 중국 선교사, 연방은행 총재, 후버 대통령과 그의 비서실장으로부터 온 감사 편지였습니다. 그들은 과거에 노신사가 가르쳤던 네 명의 소년이었습니다. 아이오와 주의 한 교회에서 있었던 소그룹 성경공부 모임을 통해 위대한 미국의 지도자들이 배출된 것입니다.

▶▶▶ 이 예화는 작은 성경공부 모임이 훗날 미국의 위대한 지도자를 양성했음을 보여 줍니다. 하나님이 기뻐하시는 소그룹이 얼마나 큰 영향력을 끼치는지를 잘 보여 주고 있는 것입니다. 인도자는 이 예화를 통해 소그룹을 향한 비전을 다시 한 번 되새기자고 전합니다.

여기서 잠깐

지금 내가 속한 소그룹이 훗날 하나님 나라의 확장에 어떤 영향력을 끼치게 될지 상상해 봅시다.

▶▶▶ 인도자는 현재 자신이 속한 소그룹을 떠올려 보고 그 소그룹 가운데 함께하시는 하나님을 생각해 보자고 전합니다. 소그룹 자체만 바라보면 그냥 모임으로 여길지 모르지만, 그 가운데서 소그룹을 세우시고 성장시키시는 하나님을 떠올린다면 희망을 품고 우리의 소그룹을 바라볼 수 있을 것입니다.

배움과 익힘

▶▶▶ 이 과에서는 크게 '점검하기'와 '계획하기'로 자료를 나누게 됩니다. 그리고 마지막으로 소그룹 모임에 활용하면 좋을 자료를 살펴보게 될 것입니다.

1. 우리의 소그룹 점검하기

가. 소그룹 건강도 체크 리스트

건강한 소그룹이 되려면 모든 요소들이 골고루 성장해야 합니다. 다음의 열 가지 항목들을 통해 소그룹의 건강도를 체크할 수 있습니다. 우리의 소그룹은 어떤지 체크해 보도록 합니다.

점검 내용	전혀 아니다 1점	아니다 2점	보통이다 3점	그렇다 4점	매우 그렇다 5점
1. 소그룹 사역에 대한 분명한 목표를 가지고 있다.	✓				
2. 언제 어느 곳에 모이든지 제일 먼저 예배를 드린다.		✓			
3. 모두가 인정하는 예비 리더를 양성하고 있다.		✓			
4. 구성원이 서로의 기도제목을 정확히 알고 있다.			✓		
5. 구성원이 모임 중에 자신이 경험한 하나님의 은혜를 잘 나눈다.			✓		
6. 구성원이 모임에 새로운 사람을 데려오기를 원한다.		✓			
7. 대다수의 구성원이 모임 시간을 엄수한다.				✓	
8. 소그룹에서 배운 성경말씀을 적용하며 산다.	✓				
9. 성령님의 인도하심 속에 구성원의 필요가 채워지고 있다.		✓			
10. 구성원이 남을 돕는 일에 앞장선다.				✓	

※ 체크를 다 했으면, 문항마다 체크한 점수를 합산합니다. 점수 합계 (24)점

점수	상태
41~50점	소그룹이 건강한 상태이다. 더 겸손하게 하나님 사역을 감당할 수 있도록 격려한다.
26~40점	그런대로 소그룹 활동을 하고 있다. 소그룹의 부족한 점을 점검하고 그것을 개선할 수 있는 방법을 찾도록 한다.
25점 이하	소그룹 리더 학교를 가장 열심히 공부해야 할 소그룹이다. 오늘부터 실제로 건강한 소그룹, 공동체 의식을 가지고 하나되는 소그룹이 되도록 계획을 세우고 다시 한 번 건강한 소그룹의 특징을 살펴보게 한다. 또한 소그룹을 점검하고 격려해 줄 수 있는 동역자를 붙여 준다면 더 좋을 것이다.

합산한 점수를 보고 개선이 필요한 부분은 무엇이며 성장 및 강화시켜야 하는 부분은 무엇인지 토론해 봅니다.

▶▶▶ 인도자는 한 번만 점검표를 활용할 것이 아니라, 시간이 흐른 후 주기적으로 체크해 볼 필요가 있다고 전합니다. 점수가 올라간다면 그만큼 소그룹이 건강해지고 있다는 의미이므로 더욱 소그룹에 대한 희망을 가질 수 있을 것입니다.

▶▶▶ 인도자는 건강한 소그룹과 건강하지 않은 소그룹에 대해 차이를 설명해 줍니다.

1) 건강한 소그룹이 가지고 있는 특징
- 육체적 및 감정적 안정성
- 개방된 대화
- 서로에 대한 관심
- 개인의 은사를 인식함
- 변화에 대한 자유

- 웃을 수 있는 여유

2) 건강하지 않은 소그룹이 가지고 있는 특징
- 감정적 부적응성 혹은 리더십의 상실
- 겉도는 상태 혹은 겉도는 영성
- 서로의 감정이 숨겨 짐
- 갈등과 분노가 부인되고 무시 됨
- 변화에 저항
- 언제나 진지함

나. 리더십 측정

다음은 스티브 초크가 개발한 리더십 측정 도구입니다. 이 도구는 얼마나 리더의 자질이 있는지, 자신의 장점과 단점을 얼마나 잘 알고 있는지 아는 데 도움이 됩니다.

점검 내용	전혀 할 수 없다고 생각한다	잘하지 못한다고 생각한다	보통이라고 생각한다	잘한다고 생각한다
	0점	1점	2점	3점
1. 나는 소그룹 목표를 세우는 일에 구성원들을 참여시킴으로써 그들에게 소그룹에 대한 주인의식을 심어 준다.				✓
2. 우리는 소그룹의 열매를 평가하기 위한 정기 모임을 갖는다.			✓	
3. 나는 구성원의 생각과 견해를 듣는 것이 중요하다고 생각한다.				✓
4. 나는 문제를 솔직하게 논의할 기회를 마련해서 그 해결책을 찾도록 격려한다.				✓
5. 나는 생각을 바꿀 자세가 되어 있다.			✓	
6. 우리 소그룹의 구성원은 팀의 규범이나 과제에 대해 자신들이 해야 할 일을 잘 알고 협력해서 일하고 있다.			✓	
7. 우리 소그룹의 구성원은 내가 그들을 신뢰하고 존중한다는 것을 알고 있다.	✓			
8. 우리 소그룹의 구성원은 내가 그들이 하는 일을 인정한다는 것을 알고 있다.		✓		
9. 나는 정기적으로 구성원 각자가 해낸 일을 공개적으로 칭찬하고 인정해 준다.				✓

점검 내용	전혀 할 수 없다고 생각한다	잘하지 못한다고 생각한다	보통이라고 생각한다	잘한다고 생각한다
	0점	1점	2점	3점
10. 나는 정기적으로 구성원이 한 일에 대해서 사적으로 칭찬하고 인정해 준다.				✓
11. 나는 소그룹 내에 갈등이 있는 것이 정상이라는 것을 이해하고 있지만, 그 갈등이 파괴적인 것이 되기 전에 신속히 해결하려고 한다.			✓	
12. 나는 다른 사람들의 재능과 능력을 잘 발견한다.				✓
13. 나는 권한을 다른 사람에게 넘겨 주는 데 아무런 문제가 없다.		✓		
14. 나는 구성원들의 능력을 개발하고 자극하며 그들이 새로운 기술을 익히는 데 도움이 될 기회를 제공하려고 열심히 노력한다.	✓			
15. 나는 구성원들의 업무 수행에 대해 최소한 6개월에 한 번은 토론한다.		✓		
16. 나는 구성원들이 자기가 맡은 일을 효과적으로 하는 데 필요한 훈련을 꼭 받을 수 있도록 한다.		✓		
17. 나는 소그룹 내에서의 문제나 의견 차이에 민감하게 대처한다.		✓		

점검 내용	전혀 할 수 없다고 생각한다	잘하지 못한다고 생각한다	보통이라고 생각한다	잘한다고 생각한다
	0점	1점	2점	3점
18. 나는 적당한 훈련 과정을 거친 후에도 타당한 기준에 도달하지 못하는 구성원을 내보내고 다른 사람을 쓸 용의가 있다.			✓	
19. 나는 구성원과 솔직하게 마음을 터놓고 이야기를 하며 구성원에게도 그렇게 하도록 권한다.	✓			
20. 나는 구성원과 개인적으로 좋은 관계를 유지하고 있다.		✓		
21. 나는 높은 기준을 세우고 내가 본을 보임으로써 지도한다.		✓		
22. 나는 구성원의 신뢰가 나의 지도력에 중요하다는 것을 알기 때문에 구성원들과의 약속을 잘 지킨다.			✓	
23. 나는 자원 봉사자들을 잘 활용하기 위해서 그들에 관한 기록을 잘 보존하고 있다.			✓	
24. 우리 소그룹의 구성원은 나와 함께 일하는 것이 즐겁고 보람 있다고 생각한다.		✓		
25. 나는 다른 사람들과 함께 일하기를 좋아한다.				✓

※ 체크를 다 했으면, 문항마다 체크한 점수를 합산합니다. 점수 합계 (43)점

점수	상태
65점 이상	개선해야 할 점이 있기는 하지만 좋은 소그룹 리더이다. 다른 사람들에 대한 긍정적인 태도는 강한 팀을 이루고 유지하는 데 필수적이다. 하지만 자신의 평가 결과에 대해서 즐거워하기 전에 동료의 객관적인 평가를 먼저 보는 것이 좋을 것이다.
50~64점	열심히 노력하고 훈련을 받는다면 효과적인 소그룹의 리더가 될 가능성이 있다.
30~49점	만약 당신 자신이나 동료가 이런 점수를 주었다면 다른 사람들을 대하는 방식을 심각하게 검토해 볼 필요가 있다. 단호한 조치를 취하는 것은 스스로에게 달려 있다.
30점 미만	너무 절망하지는 말라. 소그룹 리더에게 필요한 기술은 배울 수 있다. 당신의 동료는 당신에게 어떤 점수를 주었는가? 당신의 동료 역시 비슷한 점수를 주었다면 지금 당장 조치를 취하지 않으면 안 된다. 소그룹 지도와 운영에 관한 책을 구입해서 오늘부터 읽기 시작하라.

▶▶▶ **인도자는 현재 리더로서 헌신하는 사람이 아닐지라도 함께 점검을 해볼 수 있게 합니다. 나중에 리더로서 헌신하게 될 때를 대비하여 미리 체크해 보고, 내가 어떤 리더가 될 수 있을지 살펴보는 것이 필요합니다. 만약 점수가 낮다고 할지라도 실망할 것 없이 지금부터 차근차근 준비해 나가면 됩니다.**

다. 성공적인 소그룹을 위한 여섯 가지 평가 지수

다음의 여섯 가지 평가 지수는 소그룹의 성공 여부를 위해 체크할 수 있는 것들입니다.

점검 내용	전혀 아니다	아니다	보통이다	그렇다	매우 그렇다
	1점	2점	3점	4점	5점
1. 영성 지수(Spiritual Quotient) 소그룹 구성원이 하나님과의 관계에 발전을 보이고 있는 정도 실례 ㅣ 구성원 대부분이 자신의 은사를 알고 있으며 교회의 일에 각자의 은사를 활용하고 있다.		✓			
2. 관계성 지수(Relation Quotient) 소그룹 구성원끼리 적극적으로 친밀한 관계를 형성하는 정도 실례 ㅣ 경조사가 있을 때면 구성원 모두가 적극적으로 일을 거들고 있다.		✓			
3. 신뢰 지수(Trust Quotient) 모임 시 자발적인 대화 참여와 투명한 감정 표현이 이루어지는 정도 실례 ㅣ 성경공부를 한 후 느낀 점을 발표할 때 한 사람도 빠짐없이 골고루 자신의 생각을 나누고 있다.			✓		

점검 내용	전혀 아니다	아니다	보통이다	그렇다	매우 그렇다
	1점	2점	3점	4점	5점
4. 유쾌 지수(Pleasure Quotient) 소그룹 모임이 살아 있고 구성원들이 모임을 기다리고 있는 정도 실례 | 1년에 한두 번씩 소그룹 단합 대회를 가진다. 이를 통해 결속력이 더욱 다져진다.				✓	
5. 환영 지수(Reception Quotient) 소그룹의 구성원이 외부인을 위한 빈 자리를 준비하고 있는지의 여부 실례 | 평균적으로 소그룹 모임을 12~15번 정도 가질 때 한 명의 새로운 멤버가 들어오고 있다.	✓				
6. 재생산 지수(Reproduction Quotient) 새로운 소그룹을 탄생시키기 위해 평소 준비하고 있는 정도 실례 | 유능한 예비 리더를 양성하고 있으므로 언제 새로운 소그룹이 탄생하더라도 문제가 없다.					✓

※ 체크를 다 했으면, 문항마다 체크한 점수를 합산합니다. 점수 합계 (17)점

점수	상태
26~30점	소그룹이 건강한 상태이며 성공적인 소그룹으로 나아가고 있다. 더 겸손하게 하나님 사역을 온전히 감당할 수 있도록 격려한다.
18~25점	그런대로 소그룹 활동을 하고 있다. 성공적인 소그룹이 되기 위해 부족한 점을 점검하고 그것을 개선할 수 있는 방법을 찾아 목표를 향해 나아가도록 한다.
18점 미만	소그룹 리더 학교를 가장 열심히 공부해서 성공적인 소그룹이 되도록 해야 한다. 다시 한 번 건강한 소그룹, 성공적인 소그룹이 될 수 있도록 계획을 세우고 실행해 나가야 한다. 또한 소그룹을 함께 점검하고 격려해 주고 기도해 줄 수 있는 동역자를 붙여 준다면 더 좋을 것이다.

▶▶▶ **인도자는 전체 점수만 확인해 볼 것이 아니라, 우리의 소그룹이 어느 지수에서 큰 점수를 갖고 있는지도 확인해 볼 수 있게 합니다. 반대로, 어떤 부분이 점수가 낮은 지도 살펴볼 수 있게 합니다.**

▶▶▶ **성공적인 소그룹을 위한 여섯 가지 평가 지수를 통해 하나님 안에서 자신이 속해 있는 소그룹의 성공 여부를 체크해 보고 개선될 부분을 살펴봅니다. 특히 소그룹에서 구성원이 하나되는 분위기가 되도록 하는 것이 중요합니다. 서로 공동체적 교제를 통해 하나가 되었을 때 소그룹이 목표로 하는 열매를 맺을 수 있습니다.**

2. 소그룹을 위한 계획 세우기

가. 소그룹 언약문 만들기

소그룹의 구성원들은 소그룹의 기능을 수행할 수 있도록 기본 규칙에 합의할 필요가 있습니다. 이것을 다음과 같은 언약문으로 만들어 서로 지켜 나가도록 합니다.

1. 우리 모임의 목적은 (전도)입니다.

2. 우리의 세부 목표는
   ① 1주일에 한명 이상 전도하는 것입니다.
   ② 2주일에 한번, 그룹으로 노방전도를 하는 것입니다.
   이를 위해 매주 교재를 (1)과씩 공부하고, 적절한 과제와 삶을 나눌 것입니다.

3. 우리는 1주에 (1)번 만날 것이며, 우리의 모임이 목적에 맞는지 계속 평가할 것입니다

4. 우리는 (2)시부터 (4)시까지 모일 것이고, 정시에 시작해서 제 시간에 끝나도록 노력할 것이며, 한 번 모임에 2시간을 넘기지 않도록 노력할 것입니다.

5. 우리는 가능하다면 (교회 소그룹 모임실)에서 돌아가며 만날 것입니다.

6. 우리는 우리 모임을 위해 다음의 기본 규칙들에 동의할 것입니다.
   - 우선순위 : 우리가 모임을 계속하는 동안 우리의 모임에 우선순위를 둘 것입니다.
   - 참여 : 모임을 위한 책임을 공유하겠습니다.
   - 신뢰 : 모임에서 이야기한 비밀을 신실하게 지키겠습니다.
   - 책임 : 우리는 어떠한 사랑의 방법으로든 서로에게 헌신함으로써 서로에 대한 책임을 다하겠습니다.
   - 빈자리 : 새로운 성도를 맞이하기 위해 빈자리를 두고 계속 기도하겠습니다.

▶▶▶ 이 언약문은 예시입니다. 그러므로 참고자료로 활용하고 실제로 언약문을 만들 때는 소그룹의 특성에 맞게 수정할 수 있습니다.

나. 리더의 소그룹 목표문 만들기

리더는 소그룹의 세부적인 목표를 설정하고 어떤 식으로 이끌어 나갈지 정리해 놓습니다.

점수	상태
평안한 모임을 만들기 위해	구체적으로 (2)개월 안에 우리 소그룹은 다음과 같이 되기를 원한다. 이를 위해 모임의 리더로서 나는 다음과 같은 조치를 취하겠다. 1) 갈등을 예상하고 미리 설명(관계의 흐름 - 호기심, 애정, 열애, 갈등, 실망) 2) 우리 안의 무의식 깨기 → 그냥 좋은 사람, 그냥 싫은 사람 구분하지 않기 3) 나와 다른 것에 대해 틀린 것이 아님을 설명
감동적인 모임을 만들기 위해	구체적으로 (3)개월 안에 우리 소그룹은 다음과 같이 되기를 원한다. 이를 위해 모임의 리더로서 나는 다음과 같은 조치를 취하겠다. 1) 관심, 사랑을 말로 표현하게 함 2) 하나님께 헌신하게 함 3) 서로에게 헌신하게 함
외부 사람들을 초청하기 위해	구체적으로 (1)개월 안에 우리 소그룹은 다음과 같이 되기를 원한다. 이를 위해 모임의 리더로서 나는 다음과 같은 조치를 취하겠다. 1) 전도 대상자를 마음에 생각(관심, 정, 돕고 싶은 마음이 가는 사람) 2) 초청하는 날짜 정함 → 모두 축하하고 기뻐함
새 그룹을 탄생시키기 위해	구체적으로 (3)개월 안에 우리 소그룹은 다음과 같이 되기를 원한다. 이를 위해 모임의 리더로서 나는 다음과 같은 조치를 취하겠다. 1) 중간 리더 세움 2) 중간 리더에게 인도할 기회를 줌

▶▶▶ **목표문 역시 참고자료로 활용하고 실제로 목표문을 만들 때는 소그룹의 특성에 맞게 수정할 수 있습니다.**

3. 아이스 브레이크(Ice-Break)의 방법

소그룹으로 모임을 갖다 보면 서먹서먹한 분위기가 될 경우가 있습니다. 이때 필요한 것이 얼음(ice)처럼 딱딱하고 어색한 분위기를 깨는(break)작업입니다. 긴장된 분위기에서 벗어나 마음을 열고 소그룹 구성원이 자신의 삶을 효과적으로 나눌 수 있도록 도와주기 위해서는 아이스 브레이크 시간이 필요합니다. 그 몇 가지 예를 들어 소개하면 다음과 같습니다.

가. 이름으로 삼행시 짓기

1) 돌아가면서 자신의 이름으로 삼행시를 짓습니다.
2) 더 좋은 생각과 글이 있으면 다른 사람이 조언해 줍니다.
3) 전혀 모르는 사람끼리 모여 있는 경우 서로의 이름을 익히는 데 적합합니다.

나. 진실/거짓말 게임

1) 각자 종이에 자신에 대한 진실 두 가지와 거짓말 한 가지를 써 봅니다.
2) 돌아가며 자신이 쓴 것을 읽습니다. 그러면 다른 사람들은 그 가운데 진실을 가려냅니다.
3) 쓴 사람이 돌아가며 정답을 말하고 반응들을 나눕니다.

다. 인생 게시판

1) 흰색 도화지를 준비해서 반으로 접고 왼쪽에 다음의 질문을 써

넣습니다.

– 신체적으로 건강하고, 삶을 즐기고 있는가?

– 정서적으로 안정을 누리고 있는가?

– 나의 가족, 친구들과 좋은 관계에 있는가?

– 사역하는 데 기쁨이 있는가?

– 하나님과의 관계에 있어서 얼마나 친밀한가?

2) 한 사람씩 나와서 오른쪽에 자신의 상태에 적합한 색 테이프를 붙입니다. 각 색깔별로 다음과 같은 의미를 부여합니다.

– 초록색: 이 영역에서 성공적으로 살고 있음

– 회색: 좋지도 않고 나쁘지도 않음

– 황색: 점점 더 걱정스러움. 주의를 요함

– 적색: 문제가 있음. 심각한 주의와 변화가 있어야 함

3) 다른 사람들은 붙여진 테이프를 보고 그 사람을 격려해 줍니다.

▶▶▶ **이 세 가지를 다 해보기에는 시간적으로 무리가 있을 것입니다. 그러므로 우리 소그룹에 가장 적합한 것으로 하나만 선택하여 해보도록 합니다. 이 외에도 『아이스 브레이크 백과사전』(스티브 셜리, 국제제자훈련원, 2001) 등 기독교 서점에 소개된 레크레이션 관련 서적들을 참조하면 도움을 얻을 수 있습니다. 『아이스 브레이크 백과사전』은 미국 세렌디피티 하우스(Serendipity House)가 50년간의 연구의 임상실험을 통해 개발한 전문적이고 체계적인 소그룹 목회 자료입니다.**

▶▶▶ **아이스 브레이크는 소그룹 모임이 처음 만들어져서 서로 어색할 때 활용할 수 있습니다. 여기에 제시된 것 외에도 공유하면 좋을만한 것들이 있다면 함께 나누어 보도록 합니다.**

| 참고문헌 |

옥한흠 저, 『소그룹 환경과 리더십』, 국제제자훈련원, 2000.

이영훈 저, 『하나님이 기뻐하시는 교회』, 서울말씀사, 2009.

이영훈 저, 『제자의 길』, 서울말씀사, 2010.

이영훈 저, 『4차원의 영성– 리더십 학교』, 교회성장연구소, 2010.

이영훈 저, 『4차원의 영성– 리더십 대학』, 교회성장연구소, 2010.

이영훈 저, 『4차원의 영성 – 중보기도 학교』, 교회성장연구소, 2011.

이영훈 저, 『든든히 서 가는 교회』, 서울말씀사, 2011.

채이석, 이상화 공저, 『건강한 소그룹 사역 어떻게 할 것인가?』, 기독신문사, 2000.

닐 F. 맥브라이드 저, 『소그룹 인도법』, 네비게이토 출판사, 1999.

래리 크라이더 저, 박영철 역, 『셀그룹 리더십』, 서로사랑, 2001.

론 니콜라스 외 공저, 신재구 역, 『소그룹 운동과 교회 성장』, IVP, 1990.

빌 도나휴 저, 송영선 역, 『윌로우크릭교회 소그룹 이야기』, 디모데, 1997.

지미 롱 외 공저, IVF 자료 개발부 편역, 『소그룹 리더 핸드북』, IVP, 1996.

| 추천도서 |

※ 추천도서는 시간이 날 때 자유롭게 읽을 수 있도록 권장합니다.

혹은 소그룹별로 독서보고서를 써서 함께 나누는 방법도 좋습니다.

이영훈 저, 『4차원의 영성 - 리더십 학교』, 교회성장연구소, 2010.

MTS 소그룹 리더 학교 – 지침서 –

초판 1쇄 발행 2013년 1월 23일
초판 2쇄 발행 2014년 4월 16일

지은이 이영훈
펴낸곳 교회성장연구소
편집인 이장석
편집장 노인영
기획 및 편집 박은혜 김태희 백지희
디자인 박진실
마케팅 이경재 문기현 이기쁨
MTS 사역 김미현 최명선 장시현
행 정 김수정 고의나

등록번호 제12-177호
주 소 서울특별시 영등포구 여의공원로 101번지 CCMM빌딩 9층 901A호
전 화 02-2036-7912~5
팩 스 02-2036-7910
웹사이트 www.pastor21.net
MTS 전문몰 www.pastormall.net

ISBN 978-89-8304-209-5 04230

※ 책 가격은 뒤표지에 있습니다.
※ 잘못 만들어진 책은 바꿔 드립니다.

"무슨 일을 하든지 마음을 다하여 주께 하듯 하라" (골 3:23)

교회성장연구소는 한국 모든 교회가 건강한 교회성장을 이루어 하나님 나라에 영광을 돌리는 일꾼으로 성장하는 것을 목표로, 목회자의 사역은 물론 성도들의 영적 성장을 도울 수 있는 필독서들을 출간하고 있다. 주를 섬기는 사명감을 바탕으로 모든 사역의 시작과 끝을 기도로 임하며 사람 중심이 아닌 하나님 중심으로 경영한다. "무슨 일을 하든지 마음을 다하여 주께 하듯 하라"는 말씀을 늘 마음에 새겨 하